当课程
遇见创意

——创意地理课程的
开发与实践

四川大学出版社

SICHUAN UNIVERSITY PRESS

图书在版编目（CIP）数据

当课程遇见创意：创意地理课程的开发与实践 / 付
凤春，梁开新著 . — 成都：四川大学出版社，2023.10
　　ISBN 978-7-5690-6508-4

　　Ⅰ．①当… Ⅱ．①付… ②梁… Ⅲ．①地理教学—教
学研究 Ⅳ．① K9-4

　　中国国家版本馆 CIP 数据核字（2023）第 225146 号

书　　　名：当课程遇见创意——创意地理课程的开发与实践
　　　　　　Dang Kecheng Yujian Chuangyi——Chuangyi Dili Kecheng de Kaifa yu Shijian
著　　　者：付凤春　梁开新

选题策划：周维彬　王　睿
责任编辑：周维彬
责任校对：于　俊
装帧设计：墨创文化
责任印制：王　炜

出版发行：四川大学出版社有限责任公司
　　　　　地址：成都市一环路南一段 24 号（610065）
　　　　　电话：（028）85408311（发行部）、85400276（总编室）
　　　　　电子邮箱：scupress@vip.163.com
　　　　　网址：https://press.scu.edu.cn
印前制作：四川胜翔数码印务设计有限公司
印刷装订：四川省平轩印务有限公司

成品尺寸：170 mm×240 mm
印　　张：11.5
字　　数：201 千字

版　　次：2023 年 11 月 第 1 版
印　　次：2023 年 11 月 第 1 次印刷
定　　价：58.00 元

扫码获取数字资源

四川大学出版社
微信公众号

自 序

　　带着敬意和感情完成这部作品，意欲借助创意的笔触和地理的视角来呈现自然地理与人文地理相关的一系列元素。本书不只是单纯讲地理的书，还通过捕捉学生的个性与需求，将地理作为一个媒介，寻找与之相关的且值得我们思考的东西。

　　它用全新概念重构独特的地理空间，呈现自然地理的万般风情和人文地理的独特魅力，连接您的"独创"理解与"新意"思考的同时，埋下一颗颗希望的种子。希望本书中地理与创意一次次遇见的示例，能伴您"万里归来年愈少"，仍然保持着那份最初的渴望和期许。

　　本书以知识为"本"，创意为"要"；考虑到中学生的真实情境与现实需要，特别提醒的是：注重转化。知识为本，创意为要，注重转化，是本书的主旨和全书内容展开的框架：

　　一是知识。不仅是地理知识，还是"综合态"知识。这里综合态知识基于STEAM 理念，集科学、技术、工程、艺术和数学于一体，旨在地理知识与综合态知识的更新与迭代。

　　二是创意。做到知识与创意相结合。人们常说，"腹有诗书气自华"。如果"诗书"只是积累，没有对"诗书"形成"独创"理解与"新意"思考，那么"诗书"并不能增长我们的才干与气质。而"独创"理解与"新意"思考的关键在于理性反思。笔者着眼于地理知识的理解，设置"结构性主题"，就是为"独创"理解与"新意"思考提供框架与路径。有了这样的框架与路径，我们的创意才能走向理性与现实。

　　三是转化。将知识与创意转化为资源，学以致用。这里的"用"不局限于学习、考试、交际等，更希望的是"用"一颗颗知识与创意的种子埋在学生们心中。

　　知识、创意、转化，需要一体化发展。如果没有地理知识和综合态知识为基础，那么创意与转化就如同"空中楼阁"；如果没有"创意"为指引，那么知识与转化就如同"旧调重弹"；如果没有转化达到学以致用，那么知识与创意就是"纸上谈兵"。

　　故将此书推荐给您，还有我的小猪猪，希望能为您的成长助力。

付凤春　梁开新
2023 年 2 月

前　言

或许，我们欣赏自然的形态和力量之美，也赞叹自然的鬼斧神工；

或许，我们好奇人文的神奇和美妙之魅，也惊奇人文的独具匠心；

或许，关于自然和人文的地理魅力，我们觉得并不陌生。但是，在中学生可阅历的时空范围内，想体验地理的猎奇悦形、历景怡情，抑或是求真悟道，却很受限制。

创意地理课程基于这样的背景，酝酿地理与创意的遇见。正如一位德国学者所言：将 15 克盐放在你面前，无论如何你难以下咽。但当将 15 克盐放入一碗美味可口的汤中，你早就在享用佳肴时，将 15 克盐全部吸收了。理解地理的真谛难在这碗汤，而本书致力于让地理遇见创意形成各种美味的"汤"，赋予地理与创意的互动和融合，帮助学生找到撬动地理美妙世界的支点，发现和享受这场遇见地理、遇见创意的美妙感受。

面对地理的美和创意的妙，或许会发现，关于此中美妙，我们还有很多不知道的。这正是我们今天打开此书的原因。

本书系重庆市杨家坪中学创意地理社团、重庆市杨家坪中学私人订制课程（选修课）和重庆市普通高中教育教学改革研究重点课题"普通高中 i-STEM 校本课程资源开发研究"（2017CQJWGZ2014）的资助项目。

目 录

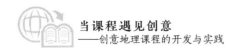

PART 1

课程遇见创意的缘起

1.1 理论之源

地理学是研究地球地理环境以及人类活动与地理环境相互关系的科学。在我国现有的文献中,最早出现"地理"一词的是《周易·系辞》,里面有"仰以观天文,俯以察于地理"的文句,足见地理学的广博和悠久。创意是创造意识或创新意识的简称,是指对现实存在事物的理解及认知所衍生出的一种新的抽象思维和行为潜能。古人在地理观测过程中创造出来的观测仪(图1-1),就是地理与创意相互融合的历史见证。

图1-1 观测仪

地理与创意的历史渊源已久,而现阶段人们的地理核心素养和创意品格更是当代人的两种宝贵精神财富。一方面,它们具有相对的独立性,有各自的内

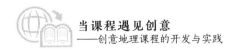

涵、特点和形成机制；另一方面，它们之间又具有内在的关联性，具体表现是在内涵上有交叉，在形成机制上相互促进。在人的发展过程中，地理和创意的互动和融合尤为重要，下面从心理学、教育学和政策等角度分析其渊源。

1.1.1　心理学渊源

1.1.1.1　学习心理学的视角

大约 100 年前，心理学家威廉·詹姆斯说："没有反应就没有接收，没有表达就没有印象。"[①] 不仅是心理学方面有这种现象，地理学习亦是如此，学生如何更好地实现对地理信息的反应、加工和表达？地理创意的呈现是一种有益的尝试，这既有利于对地理信息更好的理解，也有助于创意的发生。

当然，对地理信息的反应、加工和表达仅仅是地理学习的基本要求，要想完全掌握地理学知识需要过度学习。心理学告诉我们"过度学习有利于信息的保持"。[②] 过度学习理论是由著名的心理学家赫尔曼·艾宾浩斯提出的。其学习遗忘曲线（图 1-2），是指学习者要掌握所学的知识，一定要经常提醒自己反复练习，知识才能得到巩固。在学习过程中，对一种类型的知识内容达到完全掌握后仍然继续学习就是过度学习理论的主要方式。研究还发现：若过度学习达到 50%，即学习的熟练程度达到 150%，则学习的效果最好；但当过度学习超过 50% 时，则会因学习疲劳而发生"报酬递减"的现象。因此，想要真正地学到东西，而并非只是一时地理解，或者只是在学习某一部分内容时达到了完全理解，我们需要对所学习的相关内容达到 50% 的过度学习，即进行再度思考或创作出自己思维体系下的创意作品，这样才是真正学到知识并将新知识保持得更长久。那么，反复思考后创作出来的创意地理作品不仅使得地理学习具有记忆上的可持久性，更具有学习上的可持续性。

---

① 代维·迈尔斯. 迈尔斯心理学. 黄希庭等，译. 人民邮电出版社，2011.
② 代维·迈尔斯. 迈尔斯心理学. 黄希庭等，译. 人民邮电出版社，2011.

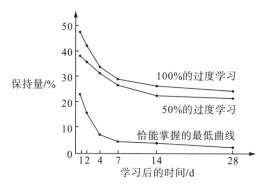

图 1-2　学习遗忘曲线

另外，对艾宾浩斯遗忘曲线进一步研究发现，对不同性质材料的遗忘曲线（图 1-3）而言，随着时间的推移无意义音节记忆数量的保持量是最低的。对于单一的地理信息的记忆就如同图 1-3 中的无意义音节对应的曲线，如果将创意地理活动加入其中，这不仅使地理信息更具有个性特征和意义，也更利于地理信息的记忆和保持。

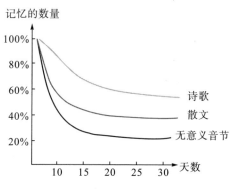

图 1-3　不同性质材料的遗忘曲线

从学习心理学的视角，地理学习需要进行过度学习以更好地反应、接收和表达，创作出具有个性特征的和对自己有意义的地理创意作品便是有益的尝试；这将有利于地理信息的保持和转换，更有利于个性发展和综合能力的提高。因此，地理与创意的遇见便不是偶然。

1.1.1.2　思维心理学的视角

人之所以为人，是因为人拥有智慧，即人的认知系统知道如何使用信息，并在这个过程中形成思维或认知。思维或认知是指所有与信息加工、理解、记忆和交流相关联的心理活动。创新思维在思维培养中具有重要地位。著名心理学家亚伯拉罕·马斯洛曾说："应当让每一门课程都有助于培养创造性，也就是说，教育应该有助于造就一种更佳类型的人，这样附带地也会使他在生活的各个方面更具创造性。"① 亚伯拉罕·马斯洛还认为，在人自我实现的创造性过程中，产生出一种所谓的"高峰体验"的情感，这是最激荡人心的时刻，也是人的一种最高、最完美、最和谐的状态，此时的人具有一种欣喜若狂、如痴如醉的感觉。因此，创新能力的培养价值不仅仅在学生的地理学科学习中体现，更为其成长助力、成功奠基。

因此，要培养具有智慧的人，最重要的是要培养其创新思维体系对某事物形成自己的概念，实现客观事物和主观意见的匹配，即学生们按照自己的喜好主动去构建。创意地理课程正是基于这样的思考而开展的。

当然，在我们面对从未遇到过的局面，且又无现成的对策可用时，解决问题的方法可能来自瞬间的顿悟，瞬间的顿悟和后续打破思维定式和功能固着等问题就需要独创或创新思维起着关键作用。当学生们面对新问题时，没有现成对策可用，需要利用自己的独创或创新来解决问题，这便是创新思维的重要作用。因此，创意系列课程便应运而生。

另外，我们运用直觉思维，如代表性直觉和易得性直觉，以促使判断高效；但是有时直觉也可能会误导我们判断。而创意地理课程培养学生们运用直觉思维判断的同时，又需要学生们保持创新思维，用可能看似天马行空的思维方式弥补和修正，以便做出更高效、更正确的决策与判断。

如今，在科技日新月异的形势下，仍处于试验阶段的人工智能正在执行各种模仿人类思维的工作，它们在执行诸如下棋这样的特定任务时所表现的精准记忆和逻辑推理能力，令人类大为震惊。未来，或许它们能模拟更多的人类思维，但诸如创新思维等仍是难以逾越的。如果教学仍然停留在传统思维的培养，那孩子们面对的未来将不是机遇而是挑战。

因此，思维心理学的视角下，地理与创意的遇见便也不再是偶然。

---

① 亚伯拉罕·马斯洛. 存在心理学探索. 李文湉译. 云南人民出版社，1987.

1.1.1.3　人格心理学的视角

法国思想家让-雅克·卢梭在《爱弥儿》中指出："儿童有他们自己的看法、想法和感情，没有什么比试图把我们的看法、想法和感情强加给儿童更愚蠢的做法了"。教师应将学生视为独立人格的人，与其一起共创、合作，在地理媒介的牵引下实现共同成长。这不仅需要用脑，更需要用心地以一种广阔的视角来审视。鼓励将地理与创意融合的教与学，不仅使得知识更加具有个人意义，还能更好地有助于个人成长和发展。

其他心理学的理论这里就不一一列举。

由此可知，地理与创意的遇见具有深厚的心理学渊源。

1.1.2　教育学渊源

教育学探讨有关教育的原点性、基本性的问题，即"教育如何促进人的生命成长与发展"。把人作为活动指向的直接对象，直接目的确定为影响人的生命成长与发展，教育活动具有双边、共时、交互作用性和要素关系的复合性，教育活动具有预测性和活动过程中的动态生成性，且教育活动的本质是在特殊的交往活动中有目的地使社会对学习者的发展要求向学习者的现实发展转化，使学生的多种潜在发展可能向现实发展转化。另外，教育学还要考虑人的生命有哪些方面的成长，与环境、与时代有什么关系，教育如何去选择影响生命成长的种种因素和条件等。

1.1.2.1　主动性和双向性的变革

当前，互联网络作为人际交往和沟通的新媒介，其特点在于其信息的主动性和双向性。从信息分享的角度来看，这意味着学生不再只是被动地接受信息，也可以主动地搜寻他们所需要的信息，抑或成为信息的来源。因此，地理的教与学过程中需要更加注重学生对信息的主动性和双向性，创作地理创意作品便是其主动性和双向性的反馈方式之一。分析当前信息化的存在形态，其已经直接且广泛地影响到我们每个生命个体。

首先，在信息技术的模拟功能中，最具历史意义的是对人脑的信息加工的过程模拟，不仅可以实现信息的存储和转换，也可以实现部分可逻辑化和程序

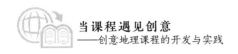

化，甚至模拟实现人脑的高级功能。对于地理的教与学，如果仍然停留在基本知识信息的加工和呈现，或是逻辑和程序的培养，将不能适应时代的需求。所以，在地理教与学过程中，设计和实现地理与创意的遇见是信息时代对教育提出的新要求。

其次，信息时代给人类带来一些特别的个体生命特征。例如，个体时空意识的变化，即从时间维度中的过去、现在和未来三个时态中更注重未来的价值，关于危机、转机和生机的"时机"意识增强，时间观因现实的变化加速而变得非序列化、碎片化、无常化；创意课程则是面向未来，培养学生时机意识等方面而展开活动；从空间的维度，信息时代中的人类正从"树居型"种群转变为"根居型"游牧民，利用互网络媒介每日随意地漫游地球，同时，人们也发生了由"文字人"向"图像人"的转变。在这个过程中，人们对图像阅读的兴趣大大超过了文字阅读，图像取代文字在更广阔的范围内成为建构其心智的主要资源。以图像为主导，文字为辅助，通过有意识、有计划地引导，将图像与思维相结合，形成'图像思维'这样一种独特的思维样式。

因此，地理的教与学过程中，激发学生创作出地图相关的图像思维作品，进而创作出具有个性特征的独特的图像资源，培养个体的学习和创造力就显得极为重要。

1.1.2.2　组织方式的变革

信息时代对学校教育的影响主要体现在教学组织方式的诸多变化和转型，由于网络构筑和虚拟空间大大增加了人与人之间交往的间接性、匿名性、随意性，使得学习资源的丰富度、时空性不再有局限，这明显增加了个体学习的自由度与效率；这就要求教师以促进者、向导、顾问、合作者的身份实施教学，教学形式转化为以学生为本的学习、开放的学习、灵活的学习、即时的学习。因此，开展以项目和问题为本的创意地理活动，通过探究、设计、发现和创造来寻找无标准答案的结果。基于这样的现实状况，传统的地理教学方式将不适应信息时代的学校教育，而地理与创意的遇见式教学则应运而生。

因此，地理与创意的遇见具有深厚的教育学渊源。

1.1.3 政策渊源

1.1.3.1 时代政策

教育部新修订印发的《义务教育课程教育方案（2022 年版）》，要求其发挥培根铸魂、启智增慧的作用，聚焦学生发展核心素养，培养学生适应未来发展的正确价值观、必备品格和关键能力，引导学生明确人生发展方向，成长为德智体美劳全面发展的社会主义建设者和接班人。这意味着不管是理念还是行动都带着强烈的变革气息，对我们长期形成的教学理论体系及课堂教学的实践模式都产生了很大的冲击。同时，将引起教学理论和实践的深刻反思与重建，既是机遇也是挑战。

首先，新课程改革加大了课堂的自主性和自由度。新课程改革注重课程功能的改变，即要改变学科课程过于注重知识传授的倾向，强调要形成主动学习的学习态度，使得获得基础知识与基本技能的过程同时也是学会学习和形成正确价值观的过程。新课程改革中自主和自由的要求无疑与创新的初衷不谋而合。

其次，新课程改革的总体构思是将以往集中的课程教学权力分散和下放，从目标到内容、方法到评价都留有充分的弹性和余地，这就为任何一位有思想、有创意的教师自主地进行课堂教学改革提供了前提性保障。创意与地理的遇见也是成就教师的重要途径。

因此，有了自主性、自由性和富有弹性的新课程改革政策保障，才衍生出了这种新型的地理教学方式，即地理与创意的遇见。

1.1.3.2 理念政策

《义务教育地理课程标准（2022 年版）》提出，地理学科的基本理念：坚持育人为本，确定基于核心素养培育的地理课程目标；优化课程结构，搭建基于地理空间尺度的主题式内容框架；活化课程内容，优选与学生生活和社会发展密切相关的地理素材；推进教学改革，倡导以学生为中心的地理教学方式；发挥评价功能，促进学生学业进步和全面发展。目前，关于地理核心素养最普遍的解读是"初中生在学习地理之后形成的在解决真实情境中的问题所表现出

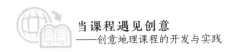
的必备品格和关键能力，对其生活及终身发展有用。"而创意地理课程正是在解决真实情境中的问题来培养其必备品格和关键能力。

在地理课程标准（2022 年版）和核心素养的理念下，在中学学段以区域认知和综合思维为思维方式和能力，培养地理实践力的行动力和意志品质，形成人地协调的正确价值观。通过地理与创意的一个个遇见即是对新课标理念践行的见证。

1.1.3.3　学科融合政策

STEAM 教育是在 STEM 教育的基础上加入艺术（art）衍生而来，是科学、技术、工程、艺术、数学的有机融合，是培养实践型、创新型、综合型人才的重要方式，是促进基础教育课程改革的有力手段，对中国基础教育课程改革具有重要价值。

STEAM 教育的一个核心特征是跨学科融合。重视以学科大概念为核心，使课程内容结构化，并以主题引领，使课程内容情景化，重视实践和综合思维的培养，采用主题式、情境化、体验式、探究式、混合式教学方法，通过丰富的基于科学工程实践的跨学科探究体验和合作学习的任务驱动，聚焦教学实效。

核心素养是信息时代人的发展的共同目标，体现了世界教育发展的趋势，同时也是我国贯彻落实立德树人根本任务的必要路径。STEAM 教育与核心素养的对接是我国教育改革的必然趋势。STEAM 教育与核心素养在人才观、创新观与知识观等方面高度的契合性为其对接提供了可能性。

综上所述，无论是心理学、教育学还是政策层面的视角，地理与创意的遇见已绝非偶然，而是具有深厚的理论背景。

1.2 现实之需

1.2.1 问卷无声胜有声

1.2.1.1 问卷缘起：地理教学的现状和所面临的困境

采用问卷调查的方式了解地理与创意遇见前的地理教学状况。本研究的数据来源于对重庆市某中学初一、初二、高一和高二这四个非毕业年级中各自随机抽取 250 人，共 1000 人为调查对象，从地理学习兴趣、学习体会、学习能力、学习应用等方面进行的现状调查。

1. 数据源

本调查共发出问卷 1000 份，回收 833 份，剔除无效问卷 97 份，最终有效问卷 736 份。初一年级有效问卷 193 份，其中男生 98 份，女生 85 份，未注明性别的问卷 10 份；初二年级 119 份，其中男生 62 份，女生 52 份，未注明性别的问卷 5 份；高一年级 227 份，其中男生 99 份，女生 115 份，未注明性别的问卷 13 份；高二年级 197 份，其中男生 47 份，女生 139 份，未注明性别的问卷 11 份。

2. 数据的启示

（1）学生对地理喜爱的"情"意在沉睡。

首先，通过地理学习兴趣调查，了解学生的情感和态度在地理学习活动中的选择与倾向。数据显示：学生对地理学习兴趣持"非常喜欢""喜欢""一般""讨厌"态度的人数比例分别为 13.18%、37.36%、45.24%、5.03%，约 50% 的学生对地理喜爱的情意处于沉睡状态。

其次，从不同年级的角度来看：对地理学习持有"非常喜欢"和"喜欢"态度的学生在初一、初二、高一和高二年级比例为 57.52%、39.50%、48.46%、51.27%，以初二年级为分界点，学习兴趣逐渐增加。另外，四个年级中持"讨厌"态度的人数比例为 3.11%、9.24%、3.52%、6.09%，丧失地理学习兴趣的人数比例在初中学段和高中学段均是起始年级较低，继而逐渐升高。从不同性别的角度来看：在注明性别的问卷中，四个年级的学生对于地理学习持"非常喜欢"和"喜欢"态度的比例均是男生多于女生。

最后，学生主体在主动构建地理知识逻辑体系时的感受和体会是对地理喜爱的"情"意的落脚点之一。调查数据表明：各年级女生的学习难度体会均高于男生，表面上似乎是不同性别的生理特点导致的差异，但实际上是因为地理教育中不同性别学生对地理喜爱的"情"意未能激发。不同年级的学生地理学习体会数据如图1-4所示。学生对于地理学科的学习感受持"非常难""难""一般""容易"态度的人数比例分别为7.61%、37.91%、51.77%、3.53%，一半左右的学生感到地理学习"非常难"和"难"。从不同性别的学生地理学习体会数据（图1-5）可知，各年级学生中持"非常难"和"难"态度的比例均随着年级的升高而升高，持"一般"学习态度的比例逐渐降低；表面上似乎是随着年级的升高使得地理知识难度增加带来的学习体会的变化，但实际上，地理学科知识主要以不同版块的形式呈现，这种现象表明学生对地理喜爱的"情"意随着地理学龄的增加而慢慢沉睡。

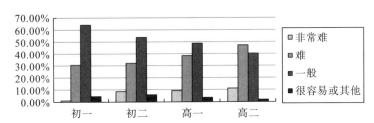

图1-4　不同年级的学生地理学习体会

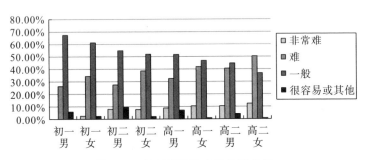

图1-5　地理学习体会的性别差异

（2）学生思辨力、专注力、观察力、迁移力和创新力等能力培养数据不理想。

表1-1是地理教育调查问卷数据。由表1-1中的数据结合当前地理课堂教育教学过程中对于学生的思辨力、专注力、观察力、迁移力和创新力等方面的培养状况来看，约有50%的学生很少或几乎没有这些方面的体验，是一种"不持续"的学习状态；处于"亚持续"学习状态的学生占到了40%左右，而处于"可持续"学习状态的学生仅仅占到了10%左右。教育家认为，教育的最大失败是学生的自主空间接近零，但笔者认为"心"的自主空间低更为可怕。

表1-1　地理教育调查问卷数据

学习状态	经常	有时	很少或几乎不会
地理课堂上，你能主动地思考，提出问题，积极回答问题，能达到课堂上的思维互动	12.77%	44.16%	43.89%
学习地理时，你的注意力非常集中，效率高，课堂学习有效	13.04%	43.61%	44.16%
你善于把某个地理知识点与现实生活现象相比较，以便更好地理解验证它们	14.54%	41.17%	45.11%
你很善于观察生活中的地理问题，并积极主动地寻找答案	7.34%	40.49%	52.99%
在地理学习中，你经常对一个问题进行不同角度的思考	8.02%	38.45%	54.35%
上地理课时，你拥有自己的独到的见解（与教师所讲的理解方式不一定相同）	7.74%	34.38%	58.70%

（3）学生学习地理途径不畅通。

调查数据表明，目前学生学习地理所花的时间和精力主要集中在：在课堂上认真听但其他时间很少主动学习地理，这部分所占比例最大，为61.41%，只有26.36%的学生在课堂之外也会主动学习地理，甚至有13.04%的学生课堂内外几乎都不学习地理。由此可知，地理学习仅停留于"被动"学习状态，而主动学习的学生仅1/4的比例。

调查还发现，当涉及是否有兴趣制作一些地理模型问题时，57.07%的学生选择"有兴趣，但由于时间或条件限制无法制作"。地理教学本身就是创设一种现实环境，让学生感知、感悟和体验，进而上升至智慧，最终培养解决现实问题的思路、方法和能力。但调查数据反馈的信息也是需要思考的。

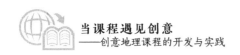

另外，当涉及什么类型的学习方式让学生获得的地理信息最多的问题时，较多学生的选择是通过"老师引导看书和看图"和"多媒体资料"两个方式。从教育的角度分析，这仍是传统的教育方式，学生以"听"和"看"为主，这说明地理教学的"身"较之其他器官已禁锢得有些深了。

1.2.1.2 调查缘落：问卷无声胜有声

无声的问卷调查数据是学生们的有声表达，也是教育的有声表达，地理课程需贴近生活，关注自然与社会，以培养学生的核心素养为宗旨，引导学生学习对生活有用，对终身发展有用的地理。因此，创意地理课程的开发是现实之需。

1.2.2 创意地理活动的心声对谈

教育需要仪式感，这不仅是一种社会认同，更是一种文化传承的教化力量。课堂中融入意义感、庄重感、认真感、紧张感、在场感和参与感等感觉元素非常重要。在地理教与学过程中，困难的是如何获得学生对仪式感的具体感受，笔者在"杨家坪中学地理课堂创意作品展"期间，以发放问卷调查、现场采访、个别谈话等方式，及时获得学生反馈的真实想法，并与他们进行一场心声对谈。

1.2.2.1 地理课堂创意作品展问卷调查表

亲爱的同学：

你好！本问卷针以不记姓名形式对地理课堂创意作品活动在中学教学过程中的实施现状进行调查。请你根据自己的实际情况耐心回答下列问题，请不要遗漏。谢谢合作！

（　　）1. 你在班级的总体成绩层次属于？

A. 优秀　　　　　　B. 良好

C. 一般　　　　　　D. 前期为较差，但后期会努力改变

（　　）2. 你对地理课堂创意作品活动的态度是？

A. 很喜欢，地理活动很重要，它使我对地理产生了浓厚的兴趣。

B. 无所谓，是课本中设计或老师安排的活动就参与，不安排也无关

紧要。

C. 不喜欢，觉得安排地理活动就是浪费时间。

D. 只喜欢与考试有关的地理活动，与考试无关的都不喜欢。

（　　）3. 你在地理课堂创意作品活动中，是否能积极参与？

A. 经常能积极参与

B. 偶尔积极参与

C. 不喜欢，所以不参与

D. 自己有其他安排，没心思参与

（　　）4. 地理课堂创意作品活动中，你认为哪种活动方式对地理知识的掌握效果最佳？

A. 自主学习探究

B. 和组员一起讨论

C. 自己亲手创作，亲身体验

D. 其他

（　　）5. 你认为在地理课堂创意活动过程中，自己哪些能力能够得到提升？（可多选）

A. 与他人合作交流的能力以及团队精神

B. 探究精神与创新能力

C. 发现问题，分析解决问题的能力

D. 自己的地理核心素养，如区域认知、综合思维、地理实践力和人地协调观

E. 其他

（　　）6. 未来高考模式中，需在政治、地理、生物和化学四个学科中选择两科为高考科目，你会选择地理吗？原因？

A. 会，因为喜欢

B. 会，因为实用

C. 不会，不感兴趣

D. 不会，因为没有用

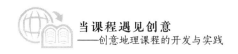

1.2.2.2　数据的反馈

1.　问卷数据分析

开展了无记名的问卷调查，从问卷回收和数据分析来看，有以下几点初步统计结论：

第一，从图 1-6 可知，79％的学生对地理活动很喜欢；欣喜之余也很担忧，因为约有 5％的学生只喜欢与考试有关的地理活动，与考试无关的都不喜欢。

第二，从图 1-7 可知，34％的学生经常能积极参与地理活动，59％的学生偶尔能积极参与地理活动；如何指导经常参与的学生朝着高精方向发展，并吸引更多的学生参与创作成为一种常态是接下来需要思考的课题。

第三，从图 1-8 可知，地理课堂创意作品活动中，82％的学生认为合作或亲身体验的方式对地理知识的掌握效果最佳。

第四，从图 1-9 可知，在地理课堂创意活动过程中，45％的学生认为自己探究精神与创新能力得到提升，37％的学生认为自己分析解决问题的能力得到提升。

第五，从图 1-10 可知，未来高考模式中，48％的学生从实用的视角选择地理作为高考科目，36％的学生从喜欢的视角选择地理作为高考科目；不管将来选择如何，在学生们心中多埋下一颗种子终归是好的。

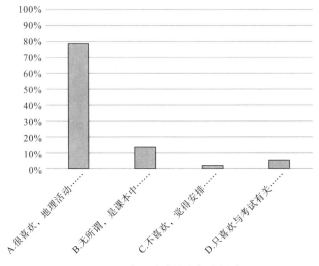

图 1-6　地理活动的兴趣度调查

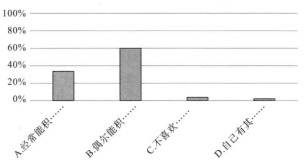

图 1－7 地理活动参与度调查

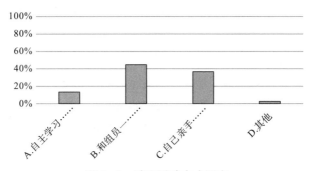

图 1－8 地理活动方式调查

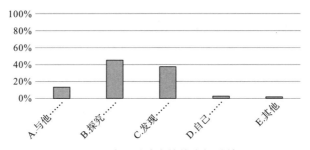

图 1－9 地理活动中的能力提升情况

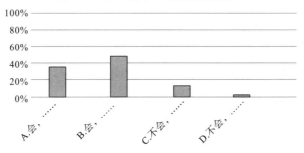

图 1－10 未来高考模式下地理选科的思考

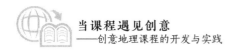
2. 访谈部分信息反馈

学生们说，@A 君：这次地理课堂作品展唤起了我对地理知识的渴望，我也终于知道山是真的高，水是真的深。地理活动的每一个小细节，每一个"精雕细琢"的作品，是多么值得令人深思。地理是活的，是灵动的。它在我们的生活里徘徊，只需要伸手去抓住它，然后慢慢观赏。因为有了同学们的付出，才有了我们在视觉上、知识上的享受，感谢他们，让我喜欢上地理，他们的每一分努力，每一份汗水都会成为我们大家地理课堂上的美好享受。地理是什么？是生活，又是我们对世界的最新的认知，感谢老师和同学们。@B 君：希望多看点，非常喜欢这样的地理课堂作品展，像找宝藏一样，像来到了真的博物馆，每节课都去……

地理教育不仅是建立在基础功能的需求维度上，而是建立在艺术、科学、数学、工程、技术等多个维度上。打造全新的地理课堂创意作品，帮助学生们寻找更多的灵感和创意，是地理遇见创意的初心。未来，我们将带着这份初心继续前行，用地理与创意更多的遇见，设计和打造更多的精彩，成就更多学生的初心。

1.3 未来之思

也许，你也曾听过关于毛竹生长的故事：毛竹在栽种后的头 4 年中仅仅长了 3 厘米，但从第 5 年开始，它会以每天大约 30 厘米的速度疯狂生长，仅用 6 周左右就能长到 15 米。其实，在最初的 4 年中，毛竹的根在土壤里延伸了数百平方米。人的发展亦是如此，未来的地理教与学要深刻领悟毛竹生长的原理，扎实于每个细节，对每份作品用时间来沉淀、打磨，待时机成熟之时便能稳稳地立足和壮大。

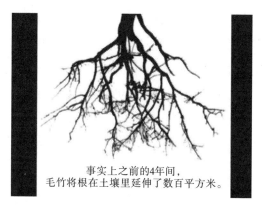

事实上之前的4年间，
毛竹将根在土壤里延伸了数百平方米。

图 1-11 毛竹生长

创意地理课程使学生习得基本知识和基本技能的同时也使课堂教学得到了延伸，对学生的学科素养与综合能力的培养非常重要，也为其高中地理学习甚至终身发展奠定基础。

1.3.1 课标理念与实施建议的解读

《义务教育课程方案和课程标准（2022 年版）》中将地理课程内容分为认识全球、认识区域两大部分，共包括五个主题，地理工具和地理实践贯穿其中。地理课程学业质量评估标准依据学习内容的不同特点，综合评定学生面对不同情境时，以及在完成相应的学习任务过程中，所展现出的价值观、学习态度和学习能力，反映出的核心素养发展水平和课程目标实现程度。

这给未来的地理教与学提出了更明确的要求，而创意地理课程的开发与实践正是践行此理念，也是未来教育之需。

1.3.2 地理课程资源的开发与利用的理解

在开发利用地理课程资源时，注意所选资源的科学性、思想性、适宜性，充分、合理、有效地利用现有课程资源，积极开发新的课程资源，倡导地理课程资源的共建和共享，以创设生动、丰富的地理课程资源。这对丰富地理课程内容、增强地理教学活力具有重要的意义。具体有以下几个方面：

第一，建立学校地理课程资源库。重视地理课程资源的开发、积累和更新。

第二，利用学生学习地理经历资源。结合学校的实际和学生的学习需求，

充分利用学生的经验性资源和学习过程中的生成性资源。

第三，开发社会地理课程资源。校外地理课程资源丰富多样，如学校所在地区的各种自然和人文地理等资源。

第四，利用数字与网络资源。随着世界多极化、经济全球化以及社会变革，催生出了人工智能、云计算、物联网、机器人、5G 通信、纳米技术、无人驾驶等新名词，教育也需要创新，焕发学生的生命活力，让其保持更多的可能性，以适应和创造未来。

鉴于过去的理论基石、当下的现实需求以及未来的发展，地理遇见创意的课程开发与实践就显得尤为重要。因此，创意地理课程既是当下教育之需，也是未来教育的重要途径。

PART 2

创意地理课程的构建思路

创新是人的一种综合素质，是创新人才的关键特征，也是促进社会发展和国家进步的根本动力。在国家课程的基本框架内，中学阶段将研究地理环境以及人类活动与地理环境相互关系的地理科学作为培养创新性任务的重要途径。利用地理课堂教学时间或假期，对学生的地理课程进行基于"创意活动"的拓展，研发创意地理课程，突出创意地理活动的个性体验，实现"发展个性，提升综合素养"的教育愿景。

2.1 "创意地理课程"的内涵与特征

每种课程的定义都隐含着某种哲学假设和价值取向，隐含着某种意识形态以及对教育的某种信念。创意地理课程是依据我们关注的特定视角和所秉持的教育教学信念进行的。

2.1.1 "创意地理课程"的要义

"创意地理课程"是指以地理科学知识为基础，遵照创新性教学的原则，以发展学生创新力、个性特征、激发学生潜能为目标，以现行地理教材"情境化"的整合和拓展为内容，启发学习的创新性动机，培养学生的创新精神，训练学生的创新性思维，传授创新技法，开创创意活动，提高学生的创新能力的教学模式。

较之传统的地理课程，学生在创意地理课程中担任的角色是问题解决者而非知识接受者，教师的角色从无所不知的智者转变为问题设计者、问题寻找者、教练或听众。在目标上，注重提高学生的创新能力和综合素质；在内容上，根据初中学生对地球、世界、中国以及自我的认知程度，设计不同的主题创意活动，设置贴近学生生活的课程内容，激发学生的学习兴趣；在实施上，打破传统的教室这一学习空间，让学生在真实的情境中学习；在评价上，淡化分数，强化学生参与活动的热情，让学生的学习源于生活、行于创作，成于真实。"创意地理课程"的开发不是对传统的地理教学方式的简单替换，而是在有机地整合与拓展。

2.1.2 "创意地理课程"的开发价值选择

1. 课程开发的必要性

"创意地理课程"从内容到实施，强调学习内容与学习方式的选择，有利于学生的创新能力、综合素质以及个性发展，从而实现育人目标的个性化。"创意地理课程"是以地理教室、校园以及学生们身边常见的场景为素材，不再是单一的教具、学具、PPT、视频资料等为主要素材。这不仅改变了教学素材单一性的处境，也激发学生的创造力和学习兴趣。总之，"创意地理课程"就是把中学生的地理学习活动化、创作化，实现无痕教育和快乐教育。

2. 课程实施的可行性

从目标的角度，中学阶段的地理学习目标的要求相对较低，每堂课 25～30 分钟即可基本落实，基于这样的思路，每堂课就有 10～15 分钟来实施创意地理课程计划，一个学期则有 400～600 分钟的体验活动或创作活动来获得地理素养。从内容的角度，中学阶段的地理知识性内容相对简单，"创意地理课程"将地理知识性内容、创作活动有机结合，有利于调动学生学习热情，创新个性化成果。从形式的角度，"创意地理课程"的创作活动性契合初中阶段学生爱玩的天性，动态活动更是室内静态学习的有益补充。从评价的角度，"创意地理活动"有助于释放学生的天性，同时可以观察学生的综合表现，这为实施多元评价和过程评价提供了可能性。

3. 课程设计的独特性

虽然"创意地理课程"与常规的地理教学课程内容是相通的、目标是相承的，但是在呈现方式上有其独特性。一是动态与静态相结合。常规的地理课堂更多的是在教室里，学生们通过听说读练的方式学习，学生们的活动量有限；"创意地理活动"是学生在进行一个个创作活动，以活动为主，辅以静思，动静相济。二是理论与实际相结合。常规的地理课偏重地理理论知识的学习，而"创意地理活动"是将理论运用于实际中进行创作，或者实际运用过程中发现问题然后运用理论来进行解决。三是思考与动手相结合。学生们可以在设计的活动体验中自由思考，在合作动手中创作。

基于创意地理课程的必要性、可行性、独特性的分析，在初中阶段实施"创意地理课程"的开发与实践研究，符合新课程改革的育人目标，符合学生们的年龄特点和学习规律，有助于培养学生们的核心素养。我们力争在实践中研究、在研究中实践，逐渐找到更好的实践路径。

2.1.3 "创意地理课程"开发的基本原则

"创意地理课程"的开发遵循以下四个基本原则：

一是好学性原则，即课程的开发立足乐学、易学；

二是活动性原则，即课程的开发以动促学，动中启智；

三是实践性原则，即课程的开发是针对教学实践的改进，以实践改进验证和促进新课程改革；

四是科学性原则，即课程的开发追求理论、方法、过程的科学性，进而增强其推广和应用。

2.2 "创意地理课程"的研究过程与策略

从目标、内容、计划、实施和评价等方面进行系统设计和研究"创意地理课程"的过程与策略。近十年来，笔者一直在开展创意地理课程的开发与实践，采用了课堂观察、随机访谈、问卷调查和文本分析等研究方法，具体包括计划、行动、观察和反思四个环节。

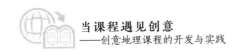

2.2.1 研究的具体内容和目标

"创意地理课程"的目标侧重学生的个性发展和创新能力。根据现行中学地理教材的教学内容，进行整合、拓展和重组，创造更多的机会发展学生个性和培养学生创新能力。

借助 STEAM 理念，将科学、技术、工程、艺术和数学于一体的超学科教育理念融到创意地理课程的开发中，旨在培养学生的地理核心素养、创新思维和综合能力。其课程目标定位如下：

（1）育人目标与国家课程、地方课程和学校课程的目标相辅相成，在呈现方式上以不同的层次和维度展开。

（2）既符合新时代的育人目标，又符合学生们的年龄特点和学习规律，有助于培养学生们的核心素养。

（3）通过教学相长和同伴互助，促进教师的课程意识和课程开发能力。

2.2.2 研究的策略与实践

依据现行中学地理教材的教学内容，进行纵向与横向的整合与拓展，重组教学内容。下面以具体活动为示例，通过不同层次和纬度进行纵向和横向的整合，培养学生们的地理核心素养和教师的课程开发能力。

首先，横向整合不同层次和维度的创意地理活动。师生间分享创意地理课程的策略，同时也增加学生的亲身体验与活动经验。

| 横向活动示例 1： 创意地理之参观地震台

活动策略：

策略层次一：感知地震（查找地震台展馆中的地震之"最"）

策略层次二：触碰地震（建造抗震之"屋"）

策略层次三：应对地震（体验逃生场景）

设计意图：师生在这个环节中或找或拍，或收集、建造、分享和推广抗震之"屋"（如"纸牌屋""三角木屋"等），收获最多的是发现新知识时那种快乐与满足，以及原生态的地理知识生成时的那种无痕教学带来的成就感。这种创造性的动手参与状态由地理教学的自然状态到自觉状态，再到一种无状态，即追求卓越的状态。

横向活动示例2: 创意地理之制作创意地图

策略层次一：感知地图（制作一幅创意地图）

策略层次二：设计地图（创意地图的"三要素"）

策略层次三：执行地图任务（利用创意地图，执行一项创意任务）

设计意图：学生自由自在地画着自己脑海中那个"小王国"，然后在"地图三要素"改进后的"小王国"执行救援或者逃生等任务，学生脸上流露出那份快乐和满足，是传统地理教学所无法给予的。创作的过程带给师生那种快乐是由感性快乐到理性快乐，再到成功的快乐。

横向活动示例3: 创意地理之寻找伪装者

策略层次一：神秘身份到位；

策略层次二：伪装者伪装渗透；

策略层次三：辨识、推断、陈述谁是伪装者；

设计意图：由学生自己策划和设计并执行的游戏项目，不仅可以高效调动学生的积极性，学生还能在兴趣的引导下全程热情参与到这种活动中。对处于依赖中求独立、批判性增强、发现和探索新自我、思维独立这样的性格特征前提下的初中生来说，寻找伪装者的活动设计就是为他们量身打造的。

其次，纵向整合不同层次和维度的创意地理活动。为学生们放飞梦想的翅膀，让他们自己去设计和创作自己喜欢的纵向成果，如创意地理教材、剧本等，这样的成果不仅受到欢迎，而且这个创作的过程也会在学生们的心中埋下一颗梦想的种子，待到将来时机成熟之时，这颗种子将成长为学生们的参天大树。

纵向活动示例1: 创意地理之设计纵向教材

策略层次一：纵向穿越××区域（查找××区域时间线中关键信息和感兴趣的地理信息）

策略层次二：××区域的零距离诉说（改编××区域教程）

策略层次三：分享交流与评比（谁是"纵向改编之王"）

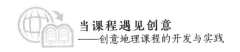

设计意图：教材是权威的，面向大众的，但改编后的教程（如"认识地球之太白迷宫""认识地球之机械迷城""藏宝图""漫话台湾""漫话新疆""最近的遥远""火柴漫画版地理""地球的烦恼之照镜子篇""盗梦空间——中国之旅""音乐的疆域"等）对于个体或班级却具有不可抵抗的诱惑。改编纵向教程的过程让师生重新看待和整合本区域的知识、地理高度和文化厚度。

纵向活动示例2： 创意地理之原创地理曲

策略层次一：鉴赏其他版本的改编歌曲；

策略层次二：穿越时间的歌词改编；

策略层次三：推广新歌；

设计意图：音乐带给人的那种愉悦是美妙的，创作或欣赏歌曲，感受地理纵向层面的变迁带给我们的听觉冲击，如"沧海桑田"等。

关于中学创意地理课程的设计和实践案例在此处就不一一列举，具体案例详见本书第三部分。正如瓦西里·苏霍姆林斯基所言："人的内心里有一种根深蒂固的需要——总想感到自己是发现者、研究者、探寻者。在儿童的精神世界中，这种需求特别强烈。但如果不向这种需求提供养料，即不积极接触事实和现象，缺乏认识的乐趣，这种需求就会逐渐消失，求知兴趣也与之一道熄灭。"笔者想要保护好初中学生内心里的这份需要，也在保护这份需要的路上被学生们保护着笔者内心里的那份需要。在这条路的探索上与学生们相互鼓励着，他们的鼓励让我们更加坚定了创意地理教学。创意地理不是真理的简单累积，而是人类的一种探索性、创造性活动并常伴错误的尝试与改进的过程，且必然处于一定程度的发展变化中，比如，学生有些看似没有道理的创作，但某种程度上也是有其合理性的，是有价值的教学资源。在动手、动态的教学情境下，把地理学习由"冰冷的美丽"变成学生"火热的动手与思考"的教育形态，使初中创意地理实践活动真正实现创意来源于生活，却又高于生活。

2.2.3 研究新范式的构建

为了充分体现"创意地理课程"的创新性，强化学生的个性体验，笔者尝试建构"目标—体验—成果"教学新范式。首先，以活动内容和活动要求为目标引领；其次，以活动程序和活动参与为体验要求；最后，以活动交流和活动评价为成果分享。

要想运用好这一教学新范式，需要把握好以下四点：

一是活动要求要尽可能具有开放性；

二是活动内容要基于地理但不局限于地理；

三是体验方式要强化过程化和创新性；

四是成果多样化。

"创意地理课程"在情节设置、程序设置以及呈现方式上与常规的地理课不同。就情节设置而言，"创意地理课程"的设计和实施是具有一定情节的。情节的设置可以是故事式的，也可以是情境式、游戏式、任务式的。就程序设置而言，首先是活动程序，一个从"不会—会—慧"的过程。一般来说，创意地理活动包括几个相关联或无关联的活动，这些活动的设置都是从易到难。其次是思维程序，需要遵循"活动—情境—问题—思考—创新"的思维过程，突出"创意地理活动"的活动性与思考性。就呈现方式而言，活动的呈现方式有四个方面的要求：活动的、地理的、趣味的、难忘的。其中"趣味的"有两层含义：一是选择的内容、形式是趣的；二是包含思维含金量带来的挑战性与趣味性。而"难忘的"是指除了知识难忘，活动的形式、内容、过程中产生的情感是难忘的。这里既关注情感、态度、价值观的形成，也关注过程性和发展性的目标。

2.2.4　研究过程的评价

评价是课程实施的重要一环，评价的内容与方式直接影响着课程走势。在评价方式上，采用过程性评价与终结性评价相结合。当采用过程性评价时，关注学生每次活动时的表现，因为每次活动中的评价都关系到最后的成绩评定。具体从三个维度来评定学生在活动中的表现，即学习能力、创新能力、合作交流能力。当采用终结性评价时，针对学生在某一指定的活动中所表现出来的水平作即时评定。然后将其过程表现与即时表现结合起来，作为最终学习水平评定。评价的目的不是甄别不同能力的学生而是激励学生主动学习。

2.3 "创意地理课程"的成效与影响

笔者经过近十年的创意地理课程教与学的研究，取得了比预期更丰硕的成果。学生们用"天马行空"的方式来呈现他们眼中的地理，并以此来表达从中得到的收获和惊喜。比如，有一位学生赠送笔者一份特殊的礼物（图2-1）来表达我们一起走过的难忘课程。

图2-1 特别的礼物

首先，从学生的角度，对常规地理教学和创意地理课程教学进行学生问卷调查（表2-1和表2-2），相对于传统的地理教学，学生对创意地理课程教学的喜欢度提升了近30%，经常参与的比例也提升了约22%。

表 2-1 喜欢度调查数据对比

项目	随机调查人数	喜欢		一般		不喜欢或只喜欢考试有关的内容	
		人数	百分比	人数	百分比	人数	百分比
常规地理教学	736	372	50.54%	333	45.24%	37	5.03%
创意地理教学	351	278	79.20%	48	13.68%	25	7.12%

表 2-2 参与度调查数据对比

项目	随机调查人数	经常参与		有时参与		不参与或很少参与	
		人数	百分比	人数	百分比	人数	百分比
常规地理教学	736	94	12.77%	325	44.16%	323	43.89%
创意地理教学	351	120	34.19%	207	58.97%	24	6.84%

除了喜欢度和参与度外，在访谈和观察教学中，笔者也感受到了学生的思辨力、专注力、观察力、迁移力和创新力等综合素质也得到一定程度的提高。

其次，从教师的角度，通过"创意地理课程"的设计和实践，教师在开发、建设和实施课程方面的能力得到了提升，教师在实践研究中提高了教育科研能力，由被动的教学实施者转为积极的课程开发者。同时，教师的教育教学观念也有了显著的变化，由"学科本位"转向了"育人为本"，更关注学生，更注重过程。

最后，从学校的角度，"创意地理课程"的开发丰富了学校课程资源。我校践行"人皆能大成"的教育教学理念，何为"人皆"即使每个有特色的孩子找到适合个性发展的教育教学方法，才能实现其"大成"。创意地理课程的开发与实践是爱好地理的学生实现其"大成"的平台之一。当然，这也是我校以核心基础课程为内核，以招牌特色课程、私人订制课程、DIY 创享课程、青春梦想课程四大拓展校本课程为外壳的"大成课程体系"，这是四大课程之一的私人订制课程即创意地理课程，与核心基础地理课一起践行"大成"教育理念。

综上所述，创意地理课程的成效与影响，不仅仅建立在基础功能的影响维

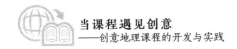

度上，也是在纵向与横向维度的多个层次上。打造全新的创意地理课程，帮助学生们寻找更多的灵感和创意，是地理遇见创意的初心。未来，将带着这份初心继续前行，用地理与创意更多的遇见，设计和打造出更多的精彩课程。

PART 3

地理遇见创意的碰撞火花①

3.1 奇妙民居②

3.1.1 创意来源

3.1.1.1 课标要求

（1）进行野外考察或运用相关资料，说明自然环境与地方文化景观之间的关系。

（2）进行野外考察并利用图文资料，描述家乡典型的人文地理事物和现象，归纳家乡地理环境的特点，举例说明其形成过程及原因。

（3）运用地图和相关资料，说出某国家人文地理主要特点及其与自然地理环境的联系。

3.1.1.2 课标解读

课标中"说明""描述""归纳""说出"等行为动词诠释对本部分内容的要求较高，不仅需要"说出""描述"人文地理事物和现象，也要"归纳""说明"其特点、形成过程、原因以及与自然环境的关系。结合世界、国家或家乡

① 本章内容系重庆市九龙坡区教育科学规划课题"基于 STEAM 理念下创意地理课程的开发与实践研究"（JL2022−31）项目。

② 本案例设计获得重庆市青少年 STEAM 科创大赛科创教育优质课一等奖。

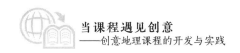
的文化事物和现象，运用认识区域的方法，简要分析这些事物和现象发生的区域地理背景，形成从地理视角看待，能够观察、描述、解释生产生活中的地理事物和现象以及它们之间的关系，表现出主动学习及问题探究的意识和能力，从而形成探究现实世界的意识和能力，初步具备全球视野和社会责任感。

3.1.1.3　现实需求

陶行知先生曾说："教育不为过去，不为现在，专为未来。"未来社会需要什么样的人才呢？牛津大学的一项调查预测，未来中国将有 77％ 的工作被人工智能取代。现在的学生要想在未来的社会竞争中立足，当下的教育应该带给他们的不是知识本身，而是让他们建构自己的地理核心素养，提升个人综合核心素养，以生活中的民居这一人文地理现象为例展开，培育学生适应未来的核心素养与能力。

3.1.2　创意构思

鉴于以上要求，以选择民居这个人文地理事物为案例，开展奇妙民居的设计与实践活动，在"说明""描述""归纳""说出"的过程中构建自己的知识框架，让学生在欣赏民居之奇的同时也能体会地理之妙，将核心素养中区域认知、综合思维、人地关系和地理实践力的具体能力落地实践，也为 STEAM 理念下在未来民居的设计与开发中融入自己的奇思妙想，培养个人创新能力。

3.1.2.1　课程内容的 STEAM 元素分析

S：地理科学知识

T：民居建筑的制作

E：民居建筑的设计

A：设计过程中的艺术呈现

M：民居建筑的尺寸、比例、空间思维

3.1.2.2　课程内容分析

人文地理中的特色民居，它承载了自然环境与地方文化景观之间的关系。而且，通过对特色民居这个地理事物和现象的描述，可以归纳地理环境特点及其形成过程及原因等知识内容。这不仅蕴含着丰富的地理知识，也是地理核心素养落地的具体行径，更是培养学生创新能力的具体举措，是创意地理课程的重要内容。

3.1.2.3　课程策略

《汉书·董仲舒传》中用"临渊羡鱼，不如退而结网"来描述付诸行动以追逐美好的梦想。笔者也想陪伴你一步一步"结网"，切身感受奇妙民居的同时发现地理之妙，成就个人的核心素养。

以下为部分内容的具体构思策略。

策略层次一：闲聊民居（集思广益，打开视野）

策略层次二：鉴赏民居（赏民居之奇与析地理之妙）

策略层次三：家乡民居（以吊脚楼为例，描述吊脚楼特征并归纳地理环境特点和说明其形成过程及原因）

策略层次四：创新民居（创新民居设计与创作剧情作品升华）

3.1.3　创意呈现

任务 1　闲聊民居

活动设计与创作前展示创意征集、心意小调查等传递着师生思想触碰的小纸条。"教"重在"倾听"与"引导"，"学"重在"思考"与"表达"。此刻，课堂闲聊里的"倾听""引导""思考""表达"便是一幅"教"与"学"的和谐画面。闲聊板块聚焦主题为野外考察或运用相关资料，说明自然环境与民居文化景观之间的关系。

1. 穿越时间聊民居

民居主要分为住宅及由其延伸的居住环境两部分。经过岁月的演变，穿越历史长河的民居，有岁月积淀的痕迹，有文化浸润的积累，也有自然环境变迁的印记……让我们一起走进地理视角下穿越时间的民居。

原始社会时期，从《周易·系辞》中"上古穴居而野处"了解到山顶洞人以自然洞穴而居，再到新石器时期的南方巢居式和北方穴居式民居。其中，南方巢居以竹、木为主要建筑材料，在树上搭建民居，既能躲避猛兽，又能通风防潮，也是对南方湿热自然环境的适应；北方穴居以竖穴最为常见，由地面向下挖掘洞穴，然后用木桩支撑，在洞口搭建草皮屋顶，这能很好地满足北方保暖防风的需要。后来，从《新语》中"天下人民，野居穴处，未有居室，则与

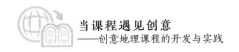

鸟兽同域。于是黄帝乃伐木构材，筑作宫室，上栋下宇，以避风雨"知晓黄帝时期的民居，以就地取材、上栋下宇的建筑风格来遮风防雨。

到了夏朝，已经出现了运用夯土（即用泥土压制成的结实且缝隙较少的泥块作建筑材料，逐层叠加形成墙体）技术建造的宫殿。商周到春秋战国时期，木构架已经成为民居建筑的主要结构形式，在夯土台上建造木构架宫殿，并用彩绘、陶瓦进行装饰，后人称其为"高台建筑"。从《周礼·考工记》中"匠人营国，方九里，旁三门。国中九经九纬，经涂九轨。左祖右社，面朝后市，市朝一夫"可以了解到这一时期的民居建筑格局，以及其与政治、习俗等的关系。不仅仅是适应自然，更是适应人文的产物。

春秋战国到魏晋南北朝时期，木构架结构体系已基本形成，建筑样式、建筑布局、建筑装饰也出现了新的发展，促进了民居的演变，即更好地适应自然环境和人文环境。

隋唐五代时期，城中民居规划出里坊，坊内划分地块，分给每家每户，让其自建住宅，到宋代则演变为相对自由开放的街坊制度，民居建筑受到这种制度的影响较大。

元明清时期，民居的构造技艺和工艺更加精良，使民居空间设计等方面多元化以更好地适应多样化的自然环境和多元的人文环境，民居形式更加丰富多样。

2. 穿越空间聊民居

（1）中式民居

中式民居历史源远流长，类型多样，具有鲜明的特点，因不同民族、不同自然环境和不同的文化习俗而风格各异。中式民居屋顶形式多样，屋檐从梁架上延伸出来，屋角微微翘起，稍微弯曲的屋顶上铺满瓦片等；结构以木质结构为主，色彩搭配简洁大方，注重建筑与自然的融合；台基是用厚重的砖石砌成底座，主要起到支撑房屋和防水、避潮的作用。

北方地区的四合院，其基本格局是用四面的房屋将庭院围在中间，坐北朝南，大门开在东南角，保温防寒避风沙，冬季多纳阳光；黄土高原的窑洞，是人们利用黄土的直立性，在山崖上凿洞而居，窑洞外观成拱形，方便太阳光照射到窑洞内部深处，而且窑洞内冬暖夏凉。西北地区的蒙古包，是游牧民族为适应游牧生活而创造出来的一种活动式毡帐式民居，便于拆卸，可通风、采光、防潮。

南方地区的客家土楼，墙壁非常厚重，其分布在山地丘陵地带，地形复杂，红壤土质黏重，暖热多雨，坚固的土楼既能防震防潮，又能保暖隔热，只在较高楼层设置窗户，方便瞭望、抵御敌人侵扰；吊脚楼，大多依山靠河而建，房屋以木柱支撑，高高悬空于地面，这既是就地取材，也是对地形气候的适应的设计。此外，独具特色的徽派建筑尤其值得一提，高于两山墙屋面的墙垣的马头墙以及在大门上配有防止雨水顺墙流到门上的小屋顶，分别具有防火、防雨的作用。

（2）西式民居

西式民居秉承西方人的建造理念，坚固、实用和美观是它的特点，以砖石结构为主，外墙或石柱起承重的作用，注重石刻雕塑，并创造了拱券结构（即用砖石等块状材料砌成的跨空结构，如冰屋等）。例如，古希腊以石头和木材为主要建筑材料，搭建梁柱结构，严格遵循美学比例建造，擅长运用雕刻装饰，建筑风格高贵典雅；雅典卫城，建在陡峭的山岗上，有坚固的防护墙壁在四周围绕，用于防范外敌入侵。这些民居既是对自然环境的适应，也是人们智慧的成果。

3. 未来民居闲聊

人类科技的进步推动着民居建筑的创新，未来民居更加智能、环保、舒适和个性化。例如，生态住宅，其非常注重环保性，最大限度地减少能源消耗以及对自然的破坏，注重人、民居和自然环境的和谐，典型代表是法国的弹出式房屋；漂浮房屋，其雏形是船屋，人们可以在漂浮房屋中生活和欣赏风景；未来树屋，美国 O_2 可持续树屋利用可回收的材料在树上建造的网格结构的树屋，体现着回归自然的特征。此外，还有未来垂直城市、共享空间、3D打印住宅、悬浮建筑、像素化建筑等，这是对自然的适应、利用，更是人地关系和谐的具体举措。

没有学生自主参与的创意民居，课堂也就失去了其特别意义。它们不仅是社会文化的载体，也是人类的创意表达。此刻让我们一起穿越时空，遇见不一样的民居。

请畅聊并绘制某时期最吸引你的民居在下框中，并尝试进行考察或运用相关资料，说明自然环境与地方民居之间的关系，归纳当地的地理环境的特点。

评价：超赞哟 ♥　　　　　不错哦 ●　　　　　加油啊 👍

创意激励：

任务 2　鉴赏民居

"如果你要造船，不要招揽人来搬木材，不要给人指派任务和工作，而是要教他们去渴望那无边无际广袤的大海。"创意地理课程之民居篇，不再是单一地给学生指派学习任务，而是让他们去渴望"民居"的奇妙。这里用创意实践活动图和相关资料，说出中国哈尼蘑菇房和哈尼家园的主要特点及其与自然地理环境的联系并展开鉴赏。

1. 鉴赏蘑菇房

蘑菇房，顾名思义，就是房屋形状如蘑菇。它的墙基用石料或砖块砌成，地上地下各有半米，在其上用夹板将土舂实，一段段上移并垒成墙，屋顶用多重茅草遮盖成四斜面。

远古时代，哈尼人住的是山洞。后来，他们迁徙到一个名叫"惹罗"的地方时，看到满山遍野生长着大朵大朵的蘑菇，它们不怕风吹雨打，还能让蚂蚁和甲虫在下面做窝栖息，他们受到启发盖起了自己的蘑菇房。

蘑菇房以土石为墙体主要材料。屋顶有平顶的"土掌房"和双斜面、四斜面的茅草房。因地形陡斜，缺少平地，平顶房较为普遍，既可防火，又便于用屋顶晒粮，空间能得到充分利用。哈尼蘑菇房因其特别的空间结构，具有良好的保温散热性能，冬暖夏凉。其内部分三层：底层用来圈养牲畜，堆放谷船、犁耙等农具；顶层用以置放粮食柴草之类；中间楼板层就是哈尼人居住的地方了，做饭、休息、会客均在此层。该层一侧有一道小木门外通平晒台。

带着地理的视角寻访哈尼蘑菇房，鉴赏蘑菇房的同时理解其地理内涵。我们在创意地理课程实践过程中探索蘑菇房活动剪影，如图3—1所示。

图3—1　蘑菇房活动剪影

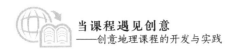

如果你是建筑师："作为建筑师，你如何设计蘑菇房？蘑菇房的设计可能需要哪些地理科学知识？"（设计意图：在这个环节探究民居的主要特点；教师可以源生活之问，启未来之题；学生能叹民居之妙，寻创意之思。）

评价：超赞哟 ♥　　　　　不错哦 ●　　　　加油啊 👍

创意激励：

2．追溯哈尼家园

哈尼族人在搭建村落时很慎重。村址的选择必须具备茂密的森林、充足的水源、平缓肥沃的山梁等垦殖梯田不可缺少的条件。哈尼族一般居住在向阳的山腰，依傍山势建立村寨。村寨背后是郁郁葱葱的古树丛林，周围绿竹青翠，间以桃树、梨树，村前梯田层层延伸到河谷底。离村寨不远有清澈甘凉的泉水井。一栋栋蘑菇房结合地形沿坡分布，高低错落有致，别有一番朴实多变的景象。元阳县胜村一带的哈尼梯田已被列为云南省级风景名胜区。

传统民居的选址、格局、朝向、屋顶坡度、建筑材料、墙体厚度、门窗大小等不仅受到当地自然环境的影响，也受到人文因素的左右。带着地理的视角挖掘和呈现、复原构建哈尼家园的模型。图3-2是我们在创意地理课程实践过程中的活动剪影。

图3-2 哈尼家园活动剪影

从哈尼人的迁徙故事溯源哈尼民居（蘑菇家园）的选址，设计哈尼家园在下框中。（设计意图：本环节探究民居与自然地理环境的联系。教师能居之风采，理之文化，引之方向；学生感受居，谓之千奇百怪，居之韵，居之意，设计自己对民居的思索。）

哈尼家园设计图	与自然环境的联系

评价：超赞哟 ♥   不错哦 ●   加油啊 👍

创意激励：

3. 鉴赏小讲堂

从地理的角度，鉴赏民居可以从选址、格局、朝向、屋顶坡度、房檐宽度、建筑材料、墙体厚度、窗户大小、交通、人文因素等展开。

第一，民居选址会考虑地形因素，如平原地区会呈团块状，山区会呈条带状。

第二，民居格局会考虑气候条件，如房屋的进深以及格局分布主要考虑气温和降水情况。

第三，民居朝向会考虑采光、通风等。比如，我国的民居是坐北朝南的格局，这主要是位于北回归线以北的民居为了获得更多的阳光。

第四，民居的屋顶坡度、房檐宽度等可判断降水量的多少。一般而言，屋顶坡度大，利于雨水倾泻，方便积水和积雪的落下，故降水或降雪多的地方，民居屋顶坡度大，而降水少的地方，屋顶坡度较小，多为平顶；房檐越宽，越利于遮挡风雨，故我国北方民居的屋檐宽度小于南方。

第五，民居墙体厚度、窗户大小等可判断气温的高低。一般而言，可根据墙体厚度判断冷暖及昼夜温差，一般寒冷的地方民居墙体厚度大，温暖的地方民居墙体厚度小，且昼夜温差大的地方墙体厚。窗户大小可考虑风力、风向、气温，一般来说，北方地区冬季寒冷，且受风向的影响，窗户较小，且朝向北面的窗户比朝向南面的窗户更小；南方湿热，民居窗户较大以利于通风；风沙大的地方民居也较小，如西亚地区的民居。

第六，民居的建筑材料要考虑当地物产、坚固、防潮、保温等。一般分为天然材料和人工材料，主要靠就地取材并兼顾当地环境，如重庆吊脚楼就地取用山区木材，结合山地地形坡度陡以及气候潮湿等因素来修建。

第七，民居也会受到宗教、防御、交通、喜好等人文因素的影响。在交通便捷的地方，民居受人文因素的影响较大，如福建土楼，几十到几百人住在一座土楼中就是受到防御因素的影响。

你还收集到哪些方面的因素来鉴赏民居呢？请以地理视角分享给大家吧！

民居特点	巧妙设计缘由	鉴赏图

评价：超赞哟 ♥   不错哦 ●   加油啊 ⬆

创意激励：

任务3　家乡民居

进行野外考察并利用图文资料，描述家乡典型的人文地理事物和现象，归纳家乡地理环境的特点，举例说明其形成过程及原因。

1. 初遇吊脚楼

吊脚楼："两头失路穿心店，三面临江吊脚楼。"吊脚楼依山就势，因地制宜，悬虚构屋，陡壁悬挑，以简易的穿斗结构或捆绑结构，采取底层架空形式，利用地形和争取居住空间，随坡就坎，随弯就曲，既解决了潮热气候下对房屋隔潮和通风的需求，又最大限度减少了石方工程，保证地表原生态。吊脚楼不强调规则的约束，而是强调依附于自然、顺应于自然，强调民居与山地空间环境之间的自然平衡，充分利用山地自然空间，并由此自然形成了千变万化的建筑风格。

图3-3　吊脚楼

从以下几个方面进行鉴赏。

地形（山地、丘陵，地面崎岖，平地较少）：吊脚

气候（亚热带季风气候，常年空气湿度很高，夏季闷热，冬季阴冷）：楼（排水、通风、抗潮除湿、防毒蛇野兽）

河流（水灾、河流谷地湿热）：建筑风格（借天不借地）

资源（盛产木材、竹子、泥巴）：墙体用竹笆夹泥，即减轻建筑重量，减少吊脚楼承受压力，又通风透气

防潮宜居：建筑材料（就地取材、因地制宜）

请把你遇见的吊脚楼民居绘制下来，并从地理视角描述它的特点。

评价：超赞哟 ♥　　　　　不错哦 ●　　　　加油啊 ↑

创意激励：

2. 邂逅吊脚楼

自古以来，重庆就是巴人的聚居之地，在世代与自然的斗争中，巴人背倚山川，逐水而居，从陡坡峭壁上攀崖筑屋。据东汉时期的《华阳国志》载：重庆"地所势刚险"，"皆重屋累居"，得知吊脚楼古已有之，历史悠久。

由于重庆山多，土地紧张，我们祖先依山就势，因地制宜，利用木条、竹方，悬虚构屋，取"天平地不平"之势，陡壁悬挑，"借天不借地"，加设坡顶，增建梭屋，依山建造出一栋栋楼房。这些吊脚楼不是穿斗结构就是捆绑结构，十分简陋。远远望去，如果是独自一间，歪歪斜斜、晃晃荡荡，似乎风一吹就要倒下来。如果是一排排的，则如同你挤着我我靠着你，手握着手，肩并着肩，体现着一种团队精神。就是这样的吊脚楼，重庆人住了两三千年之久。遇上洪水，大水淹漫；遇上滑坡，泥土冲埋；遇上风雨，风吹雨打。简陋的吊脚楼是千百年来重庆人充分利用自然条件修建的栖身之处，最能体现重庆人的顽强精神和不屈不挠的意志。

位于重庆渝中区的洪崖洞崖壁陡峭，洪崖洞临崖而建，被称为"悬崖上的吊脚楼"，这也成为其基本的空间意向和视觉符号，不只是一种单纯的形式语言，从某种意义上讲，它也代表了重庆传统吊脚楼建筑形制特征、材料细部等使用和营造策略的延续。洪崖洞的山地特色街巷空间形态，结合山地环境的建筑形制特征，传统建筑技术下的建筑结构形态以及灰瓦、干栏、风火墙、龙饰等材料与细部所构成吊脚楼整体意向的画景中。它用巧妙的建筑手段，不仅和基地契合，也通过堡坎、石梯、台阶、老树，还有吊脚楼的建筑空间，储存着重庆人的记忆，保留着老山城的醇厚味道。

图 3-4　吊脚楼与洪崖洞

　　吊脚楼中回廊、吊脚、建材……经过时间的洗礼，留下了宝贵的人文精神财富，但随着岁月变迁，吊脚楼面临废弃、拆除等一系列困境。关于吊脚楼的弃与留？请从吊脚楼的形成过程及原因的角度将你的观点诠释在下框中。

评价：超赞哟 ♥　　　　　不错哦 ●　　　　加油啊 ⬆
创意激励：

　　3. 预见吊脚楼

　　活动：智造未来吊脚楼社区

　　设计意图：创意设计未来吊脚楼社区，这一环节教师通过质疑—启发—再质疑来促使目标达成的过程，更是教学相长。该活动侧重社区功能和体验，让学生以长居者的姿态重新审视"民居"，品味地理的巨大魅力。设计属于自己的"民居"社区，也是未来的"民居"社区，更是创新的"民居"社区。学生通过设计—评估—再设计是方案迭代的过程，更是自我迭代的过程。

要求：将吊脚楼推荐给世界，设计吊脚楼社区名片、宣传语、解说词、文化符号……

材料：白纸、彩笔、一次性筷子、白胶……

素材：吊脚楼、船、纤夫、两江、山地、川江号子……

图3—5　智造吊脚楼社区部分剪影

请将你的创意设计呈现在下框中。

评价：超赞哟 ♥　　　　不错哦 ●　　　　加油啊 ⤴

创意激励：

3.1.4　您的专属创意空间

任务 1　设计民居

　　某一时空属于自己的传统民居设计，既源于地理环境对传统民居的影响，又不止于此，这些对于同学们有较大的吸引力，信息加工、整合、呈现，这对孩子们的综合能力要求较高，创作设计是孩子们自我的挑战和升华，评估于己于其他孩子更是影响深远。

在创意地理课程实践过程中，大家在探索中成长，以下是活动剪影。

图 3－6　奇妙的杆栏式民居

图 3－7　奇妙的土楼民居

图 3－8　奇妙的海滨民居

图 3-9 奇妙的毡包式民居

图 3-10 其他奇妙民居

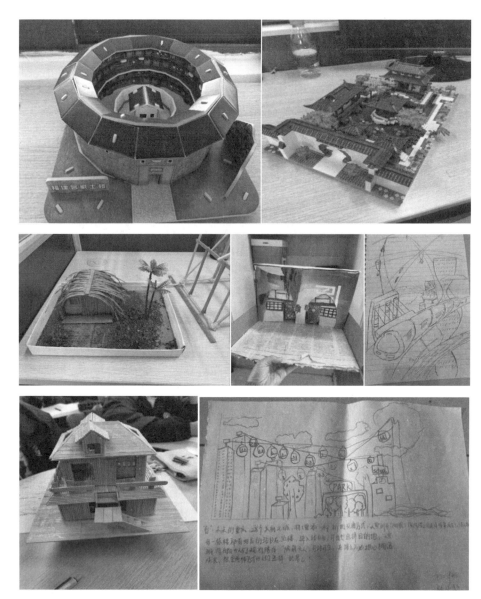

续图 3-10

看着大家在创意地理课程之民居篇中这么嗨，你是不是也想试试呢？请把你想设计的民居呈现在下框中吧！

评价：超赞哟 ♥　　　　不错哦 ●　　　　加油啊 ☝

创意激励：

　　奇妙民居之设计篇，从思考构建到个性表达，理解自然环境对传统民居的影响，最终构建出了具有个性特征的民居模型。《史记·淮阴侯列传》中说："智者千虑，必有一失，愚者千虑，必有一得。"让同伴以长居者的姿态重新审视"它"，品味地理的巨大魅力，感受地理在民居中的印记。听从建议，重新审视属于自己的民居，让"它"成为未来的"民居"，也是创新的"民居"。

任务2　创新民居

　　鉴赏未来派民居设计案例，二次创新自己的设计，编写成剧本，分享给同学。然后，通过剧情作品设计和展示包装，并进行充分的作品分享。有学生设

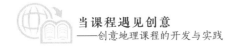

计剧本《民居七十二变》《民居的任意门》《流浪民居》……也有学生以绘画的
方式呈现出自己的作品设计，如图 3-11 所示，请你一一鉴赏！

图 3-11　创意地理课程实践中的部分创新民居

教育需要仪式感，这是一种社会认同，也是一种文化传承的教化力量，课
堂融入意义感、庄重感、认真感、紧张感、在场感和参与感等多种感觉元素。
在地理教学过程中，创新与分享自己或团队的设计能有效提升学生地理素养，
放大地理教育的影响力，促进心灵的成长和生命的绽放。

任务3　创意空间

通过创意地理课程的民居篇设计赏民居之妙，析地理之奇只是我们的出发
点，而不是结束点……陶行知先生说："创造始于问题……"聚焦自然环境对
传统民居的影响，通过逆向寻找答案，把一个纯地理问题转化成了一个集科

学、技术、工程和艺术于一体的 STEAM 项目。从实际建筑工程需要出发提出问题，基于课标确认与验证，从工程、技术及艺术体验的角度为最终问题的解决提供了必要的理论支持和经验积累。当然，创意地理课程也重视以学科融合，使课程内容结构化，并以主题引领，使课程内容情景化，以及在 STEAM 教育理念中的趣味性、多维性、协作性和项目性。

在您的专属创意空间中，揭开您眼中传统民居的神秘面纱吧。

以下创作任务二选一：

（1）传统民居的现代理解，对传统民居的创新设计。

（2）现代民居的未来理解，对现代民居的创新设计。

评价：超赞哟 🖤　　　不错哦 ⚫　　　加油啊 👆

创意激励：

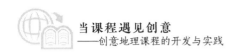

3.2 创意地图①

3.2.1 创意来源

1. 课标要求

（1）在地图上辨别方向，判读经度和纬度，量算距离，识别图例所表示的地理事物或现象，并描述地理事物或现象的空间分布特征。

（2）结合地形观察，说出等高线地形图、分层设色地形图表示地形的方法；在地形图上识别一些基本地形。

（3）根据需要选择适用的地图，查找所需的地理信息，养成使用地图的习惯。

2. 课标解读

从课标要求中的"判别""判读""量算""识别""描述""说出""查找"等行为动词可知，本部分内容对学生的要求较高，不仅需要学懂还需要学以致用。利用地理工具，提高使用地理工具分析地理事物和现象的能力，逐步养成读图、用图的习惯，学会熟练地使用地图进行"判别""判读""量算""识别""描述""说出""查找"等，掌握适应现代社会生活的基本数字化生存技能。

3. 现实需求

创意地理课程就如何设计适合学生的课程，也是需要从让学生沉浸其中这个角度寻找突破口的。每个人的心中都有一个桃花源，以它为切入口，让学生在自己专属的桃花源遨游与成长。这岂不就是能够使学生沉浸其中的好课程吗？笔者以地理工具之地图部分知识为内容载体，以区域为客体，以学生和学生设计的"桃花源"活动为主体，以"判别""判读""量算""描述""说出""识别""查找"等行为动词为指引，让学生在追寻自己内心的同时践行课标要

---

① 本案例成果获得重庆市九龙坡区青少年科技创新大赛指导教师二等奖。

求，落实地理核心素养。

3.2.2　创意构思

李白在《清平调》中用"云想衣裳花想容"来描述见到云就联想到她华艳的衣裳，见到花就联想到她艳丽的容貌，笔者也想见到你的创意地图就联想到一个拥有内心美好又丰盈的少年。

以下是具体构思策略。

策略层次一：感知地图（制作一幅地图轮廓和创意构思）

策略层次二：设计地图（将"判别""判读""量算""描述""说出""识别""查找"等任务设计到地图中）

策略层次三：执行任务（利用创意地图，执行一项创意任务）

设计意图：学生自由自在地画着或设计着自己脑海中那个"小王国"，然后，再用"判别""判读""量算""描述""说出""识别""查找"等行为动词赋予"小王国"的人物相关任务，这样的情境任务或设计是独一无二的专属版，学生脸上流露出的那份快乐和满足是传统教学所无法给予的。

3.2.3　创意呈现

任务1　绘创意地图

1. 爱奇思妙想的少年

每一个人心中都有一个桃花源，你心中的那个桃花源是什么样子的呢？请以某区域地图轮廓为框架绘制出你的专属桃花源并带我们去看看吧！

示例：本例作品选自我校学生的作品，版权归原作者所有，这里仅供参考。

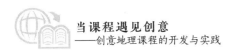

图 3-12　创意地图

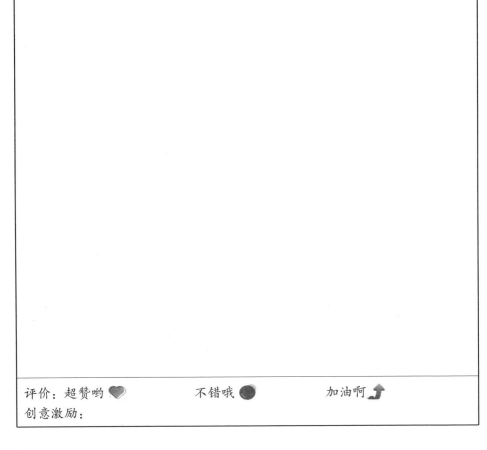

评价：超赞哟　　　　　　　不错哦　　　　　　　加油啊

创意激励：

2. 爱解疑释惑的少年

(1) 创意地图中如何辨别方向，判读经度和纬度，量算距离，如何识别图例所表示的地理事物或现象，如何描述地理事物或现象的空间分布特征？

示例：

①辨别方向。

现实意义："方向对了，路再远，也会有抵达的那一天。"无论是生活还是学习，辨别方向都意义非凡。古代，人们通过日月星辰、林木朝向、林木阴影、潮汐起落等方式判别方向、方位，这是人类野外生存的重要技能；而现代，地图中的方向辨别是阅读地图的第一步，是地理核心素养的具体体现，故辨别方向具有重要意义。

具体策略：有指向标的地图中，指向标指向为北方，面向北方，左为西方，右为东方，背为南方；有经纬网的地图中，纬线代表东西方向（需要特别提醒的是，任意两点间的东西方向只是一种相对方向，判定依据是两点间的劣弧，即两点之间经度差小于180°的那段弧，在劣弧上，顺着地球自转方向为东方，逆着地球自转方向为西方），经线代表南北方向。

简言之，一般地图上的方向指标为上北下南，左西右东。

②判读经纬度。

现实意义：经纬度的判读可以定位置、定方向、定距离、算面积、定"最短航线"等，是地理核心素养在现实生活中的运用与实践，具有重要的意义。

具体策略：如方格状经纬网中，判断纬度看横线，以赤道（0°）为界，向北（北纬 N）向南（南纬 S）；判断经度看竖线，以本初子午线（0°）为界，向东（东经 E）向西（西经 W）；

③量算距离。

现实意义：距离远近能影响人的安全感和归属感，量算距离更能让人在面对未知的环境时，更有底气。

具体策略：有比例尺的地图中根据比例尺换算距离，即比例尺＝图上距离/实际距离；有经纬网的地图中，赤道上经度 1°的实际弧长约为 111 km（赤道周长 40000 km/360°≈111 km/1°），任意经线上纬度 1°的实际弧长 111 km，任意纬线上经度 1°的实际弧长为 111×cosα km。

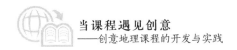

④识别图例。

现实意义：图例蕴含着丰富的地理信息，是地理信息传递的重要载体，它是各种地理信息通过科学概括并运用符号化表示在一定载体上，以传递地理信息在空间上的分布规律和发展变化。因此，对图例的识别，是培养学生具备精准获取与合理解读地理信息的能力，以更好地适应未来人才的要求。

具体策略：阅读地图要先认识图例，看看各种地理事物在地图中是用哪些符号表示的。

示例：本例作品图3－13（a）选自我校学生的作品，版权归原作者所有，这里仅供参考；示例图3－13（b）摘自义务教育教科书地理七年级上册（湘教版）P10。

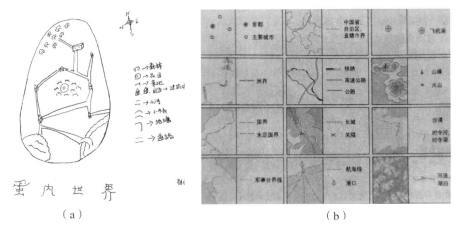

（a）   （b）

图3－13　识别图例

⑤描述分布特征。

现实意义：1854年，约翰·斯诺将死亡病例标注在地图上，绘制死亡地图，发现死者聚集在宽街水井周围，最终锁定这口水井为传染源，成功的终结了伦敦的一场霍乱的流行。这就是地理事物或现象的空间分布特征描述的现实意义的具体体现。

具体策略：

点状地理事物或现象的描述：首先，从疏密＋数量＋极值＋方位的角度描述总体分布特征（即疏密状况，是否均衡；如果不均衡，哪里多哪里少）；其次，描述极值区位置名称（最多、最少、最集中的地带在哪，沿什么线分布，或者说出最稠密或最稀薄区域的地区名称等）；最后，描述点组成的形状（反映什么规律）、大小的涵义、点的动态变化等。

线状地理事物或现象的描述：一条线状地理事物或现象（通常为等值线），其箭头代表动态，长短、粗细可能代表量的大小；多条线状地理事物或现象描述为位置＋疏密＋渐变方向＋走向，即总体分布及疏密情况，其变化趋势和凹凸变化等。

面状地理事物或现象的描述：从范围（方位）＋面积（大小、变化）＋延伸方向＋极值区的角度。

请将以上疑惑内容补充到你的专属创意地图中，并描述给同学听。

评价：超赞哟 ❤　　　　不错哦 ●　　　　加油啊 ⬆

创意激励：

（2）识别你的专属创意地图中核心区域（或分布最广）的地形类型是（平原、高原、丘陵、盆地、山地）；并绘制山地区域的等高线地形图（将山脊、山谷、陡崖、鞍部等地形部位设计到图中）。

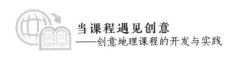

示例：

①识别地形。

现实意义：本部分涉及内容是中学地理知识链条中的节点，贯穿初高中地理学习，尤其是等高线地形图，它是日常生活与生产中的常用地形图，对农业生产、工程选址、交通布局、旅游规划等具有重要的学科价值，对培养学生必备的地理要素，以及对终身发展有用的地理知识具有实际意义。

具体策略：在分层设色地形图中，一般绿色表示平原，浅绿色表示盆地，淡黄色表示丘陵，深黄色表示高原，棕黄色表示山地，蓝色表示海洋。在等高线地形图中，一般海拔 500 m 以上是山地和高原，但山地坡度陡峻，而高原顶部平坦；海拔 200~500 m 是丘陵，坡度和缓；海拔 200 m 以下是平原，地形平坦；盆地是四周高、中部低。

②温馨提示。

绘制等高线地形图须把握这几个特点（同线等高、同图等距，在同一幅图中两条等高线一般不会相交；等高线都是闭合曲线，等高线的疏密表示坡度的陡缓）判读方法：读数值；读疏密；读形态。

评价：超赞哟 ♥　　　　不错哦 ●　　　　加油啊 👍

创意激励：

3. 爱运筹帷幄的少年

奇思妙想制作创意地图,解疑释惑完善创意地图,运筹帷幄运用地图,你打算将创意地图用于开展什么任务?

评价:超赞哟 ♥   不错哦 ●   加油啊 ↗

创意激励:

任务2 创作故事

依据图 3-12 并仿照下面示例中创意地图核心概念解读的方式提取细节,选择你最喜欢的方式,通过有机关联和合理想象进行充实,设计编撰一个剧情故事,并讲给同学听。

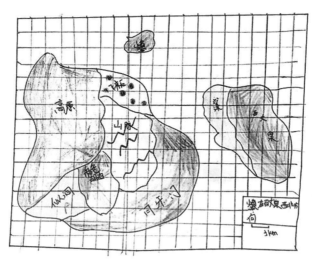

图 3-14　神秘领域

1. 核心概念解读

(1) 神秘领域月牙门朝向为_____方向；神秘领域比例尺为 1：5 km，假如月牙门外围约 12 cm，可以估算其实际长度为_____；高原区域的海拔高于_____m。

(2) 百丈泉乃泉水顺悬崖而下，形成瀑布，在地质学上也称跌水。若在等高线地形图中，这里呈现为很多条等高线重合且呈锯齿状；如果这里没有水流适合运动_____，陡崖处的相对高度（即相邻两个地点的海拔差）为_____。[计算方法：d 为等高距，H 为陡崖的相对高度，n 为等高线条数，$d(n-1) \leqslant H < d(n+1)$]

(3) 彩色湖的水源来自旁边山脉的山谷之中，朝向彩色湖的等高线向高海拔凸出，当等高线向低海拔凸出时可以判别_____。

(4)（你的解读）

2. 编撰地图故事

评价：超赞哟 ❤　　　不错哦 ●　　　加油啊 👆

创意激励：

3.2.4　您的专属创意地理空间

　　绘制您的创意地图—地图解读—创作您的地图故事。有了创作思路和具体方案，创意地图制作便可水到渠成，现在请将您的创作呈现到下框中您的专属创意地理空间位置中吧，让我们在地理与创意遇见的路上，也遇见更好的自己。

　　示例："夫以铜为镜，可以正衣冠；以古为镜，可以知兴替；以人为镜，可以明得失。"（《旧唐书·魏徵传》）这里以他人的作品为镜，可以启创意。同

时，也很期待读者能够弃短取长，以致其功。（温馨提示：以下作品来自创意
地理课程作品，版权归原作者所有。）

图 3-15　魔幻重庆

评价：超赞哟 ♥　　　　不错哦 ●　　　　加油啊 👍

创意激励：

3.3 原创地理曲

3.3.1 创意来源

1. 课标要求

课标内容均可作为创意地理课程之原创地理曲的创意来源，这里就不一一列出。

2. 现实需求

哲学家尼采曾经说过："没有事实，只有诠释。"创意地理课程秉承"以学生个性为本，以创新发展为意"，让课程回归到该有的样子，让学生成为自己。这里原创地理曲板块的初衷是让教育在不经意间发生、发展和结果；带着这个初衷，在实践创意地理曲的过程中，分享或被分享的学生在这个过程中收获的不仅仅是轻松地记住某些地理知识，还收获了更多的体验，收获了梦想……

3.3.2 创意构思

以某一课标要求的地理知识作为创作源，根据个人喜好的歌曲进行改编、创作和分享。下面以世界主要气候类型为例展开创意构思的具体过程。

策略层次一：找细节（包括自我研学、概念解读、主题概述等）

策略层次二：写简评（包括欣赏、解读、嗨唱、反思并二次创作）

策略层次三：鉴赏原创地理曲

音乐的韵律美、意境美、故事美……音乐的美是无限的。但此刻的创意地理课堂不仅有音乐美和地理魅力，更有学生心中向往的创意之魂。

3.3.3 创意呈现

音乐的韵律美、意境美……音乐的美是无限的。如果音乐美中又有了个人色彩，那将更加美妙，这便是创意地理曲的独特魅力之所在。

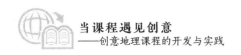
任务 1　找细节

请根据课标选择一个或者多个要求，结合表 3-1 中学习目标、自我研学、概念解读和主题概述的内容。

表 3-1　创意地理曲示例

主题	热带雨林
学习目标	1. 热带雨林的天气与气候的区别； 2. 热带雨林消失会产生什么影响； 3. 阅读热带雨林地区的气温曲线图和降水柱状图，描述气候特征； 4. 在世界气候分布图上找到热带雨林气候的分布地区； 5. 举例分析纬度位置、海陆分布、地形等对热带雨林气候的影响；
原曲	《青柠》
乐器	尤克里里
自我研学与概念解读	1. 气候（长时间且稳定的）、天气（短时间且多变的）。 2. 雨林具有净化空气、调节气候、动物多样性、自然防疫、制氧等作用。 3. 气候类型的判读： （1）判断所属半球：由于南北半球季节相反，7 月份左右气温高，可推断为北半球；1 月份左右气温高，可推断为南半球。 （2）"以温定带"，即依据最冷月平均气温判断所属温度带（最冷月平均气温在 15℃ 以上为热带；最冷月平均气温在 0℃～15℃ 为亚热带；最冷月平均气温在 0℃ 以下为温带）。 （3）"以水定型"，即依据降水量和降水季节分配确定降水类型（多雨型：全年较多且季节分配均匀；少雨型：全年少雨；夏雨型：降水集中于夏季，冬季降水较少）。 4. 因此，依据全年高温多雨的统计数据判断为热带雨林气候。 5. 阅读气候类型分布图，得知热带雨林气候分布：刚果盆地、马来群岛、亚马孙平原；这些地区纬度较低，接收到的太阳辐射多，且位于赤道地区，多对流雨等。 6. 其他：热带雨林被称为"地球之肺"等。
主题概述（即成果展示）	

访谈小语录：由杨家坪中学初一学生莫若彤和谭芮改编的 *Tropical rainforest*，以尤克里里伴奏，以《青柠》为原曲的热带雨林，既有创意，又有地理，你也哼唱哼唱吧！同学们都说很有节奏感，犹如身临其境，同时可以更有效率地记住一些地理知识。

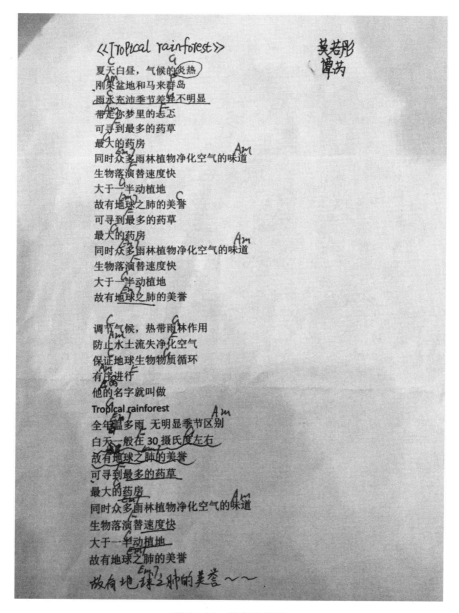

图 3-16　学生改编曲

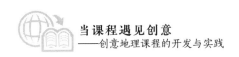

任务 2　写简评

请简评以上作品。

评价：超赞哟 ♥　　　　不错哦 ●　　　　加油啊 👍

创意激励：

任务 3　赏原创地理曲

一首地理曲对于创作或者欣赏它的学生而言，对地理学习也许没有立竿见影的效果，但这能影响他们对地理学习的态度，态度决定了高度；创意地理作品对学生们的学习态度的影响比仅仅记住很多地理知识更有意义。

观赏、聆听了原创地理曲作品展后，A 生说：曲水流觞展风情，听雨亦知心语，言一曲风采；B 生说：地理知识多，音乐记录它；C 生说：以欣赏主题曲开头，让我在音乐中学习了知识，原创地理曲展览中，还有体验和回答问题环节，并盖上印章，我觉得这种体验特别棒；D 生说：……

希望学生们在享受此刻美好时光的同时也能激发他们内心的小宇宙，唤起对地理或自我的新认知。我们在创意地理课程中还有原创地理曲 Count On Me 版的 Join Our Exhibition，为此曲改编歌词、演唱和制作 VCR（Video Cassette Recorder，盒式磁带录像机）的是两名初一年级的学生；也有学生创作《眉间雪》版剧情歌曲《鬓风沙》；还有 Made in China 版嘻哈歌曲 Made in the World 等原创地理歌曲。下面选取部分内容（图 3-14）与大家分享。

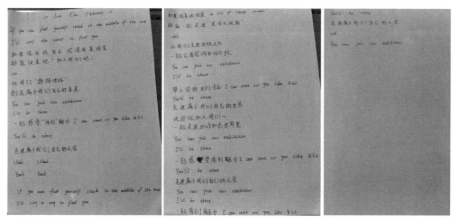

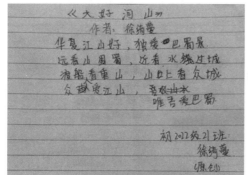

图 3-17　原创地理曲活动部分剪影

3.3.4　您的专属创意地理空间

请将您创作的原创地理曲呈现在下框中，让我们在地理与创意遇见的路上

也遇见更好的自己。

主题	
学习目标	
原曲	
乐器	
自我研学和概念解读	
主题概述（即成果展示）	

3.4 地理剧创人[①]

3.4.1 创意来源

1. 课标要求

剧本创作可选择的课标内容较广，这里仅选择部分课标展开探讨。

---

① 本设计案例在重庆市教育科学研究院组织的中学地理教学论文大赛获得重庆市一等奖。

（1）阅读世界气候类型分布图，描述世界主要气候类型的分布特征。

（2）结合实例，说明纬度位置、海陆分布、地形等对气候的影响。

（3）结合实例，说明天气和气候对人们生产生活的影响。

2. 课标解读

从课标要求中"描述""说明"等行为动词可知，本部分内容的要求较高；创意地理课程选择从情境中引发问题，再转化为解决问题的任务，促使学生在完成任务的过程中领会知识和建构系统框架以达到课标要求。在情境创设上，要关注区域差异，侧重空间联系与相互作用；选择当前社会热点和世界各地富有特色的生产生活活动，作为情境创设的基本素材；创设的情境要契合学生的认知发展水平，与地理问题、任务有较强的关联性，有利于激发学生对地方、区域和全球问题的好奇心。在剧情问题与剧情任务的设计上，可以从世界的某个事件在何处发生、为何发生为起点，提出问题，设计剧情学习任务，然后引导学生运用地图、图像、数字资源以及地理信息技术等工具，完成空间位置辨识、地理现象观察、区域特征归纳、区域联系分析等剧情任务。

总的要求是，通过创设特定的剧情情境，设计有驱动性的地理问题和具体任务，引导学生学会自主学习、合作探究，同时将评价嵌入学生学习的全过程。

3. 现实需求

陶行知先生曾说："教育不为过去，不为现在，专为未来。"未来的人才须立足脚下，着眼未来。关于剧情作品创作部分，学生需要形成从空间—区域视角认识地理事物和地理现象的意识，对地理事物或现象的空间格局有较强的观察力，并运用区域综合分析、区域比较、区域关联等方法描述其分布和说明其影响。因此，在创意地理课程进行地理剧本的创作实践，既是传承过去，立足现在，更是面向未来的教育。

3.4.2 创意构思

1. 创作前

（1）环节一：播放《疯狂动物城》《海王》等电影中关于地域的场景，启发学生思路，设计一部贯穿大洲、地区、国家等的剧情作品，合作扮演编剧、

导演、歌手、创作人等角色，呈现一部完整的作品；

（2）环节二：展示往届学生改编的作品集，如改编歌曲、地理绘本等，启发学生充分发挥自己专长创作作品；

（3）环节三：全班安静地翻阅课本和地图册相关内容，熟悉创作内容；俗话说："巧妇难为无米之炊"，学习和提取相关地理内容是为后面的创作备"米"。

2. 创作中

全班自行组队合作或独立创作，教师巡视并适时给予引导和肯定，保持创作热情；教学不仅是传授知识，更在于激励、唤醒和鼓舞，即教重在于"听"，学重在于"说"。

3. 分享

创作后作品分享交流环节的主持人根据课前收集的作品信息进行沟通、协调、互动、评价和掌控。主持人的角色不仅需要具备较好的语言能力、应变能力、掌控力，也是对学生自我地理素养的挑战。体验创作前中后三阶段的感受给承担主持的学生带来地理素养的重要思考。

4. 反馈

学习的过程是千变万化的，如何从纷繁复杂的信息世界获取对自己有价值的内容，并经过思考加工后形成新的认识，最终取得自身知识和能力的进步是不变的。原创团队听取大家关于"票房"大卖前的改进建议，在地理课堂教学过程中融入意义感、庄重感、认真感、紧张感、在场感和参与感等感觉元素。众所周知，创意实现的方式多样，剧本创作就是其中的一种方式，这样的地理学习对原创人和其他学生都具有足够的魅力。采用自我反思、同学和教师反馈的方式总结并鼓励大家进行二次创作。在地理课堂教学过程中融入意义感、庄重感、认真感、紧张感、在场感和参与感等感觉元素，能有效提升学生地理素养，放大地理教育的影响力，促进心灵的成长和生命的绽放。捕捉学生精彩瞬间的照片，写上教师的评语，颁奖给原创团队和个人。地理课堂的下课铃声不是结束，而是师生新的启程……

一位德国学者说：将15克盐放在你面前，无论如何你难以下咽。但将15克盐放入一碗美味可口的汤中，你早就在你享用佳肴时，已将15克盐全部吸收了。情境之于知识，犹如汤之于盐。盐需溶入汤中，才能被吸收；知识也需要溶入情境之中，才能显示出活力和美感。如果教育的最大失败是学生的自主空间近于零，那么此刻学生若有所思的眼神和神情就是对剧情作品创作型地理课最好的诠释。

3.4.3　创意呈现

关于剧情作品创作、分享、反馈和二次创作，带给我许多的感触和思考，让我既惊叹于学生们的才华，也被学生们之间的对话内容触动。一个学生在她的自我反思的文中曾用"春来急播种，夏至梦微寒、秋收冬未藏、春灯话新志"来记录自己在创作过程中准备、等待、改善和期许。但除了感触颇多外，一些学生的话更是引起我的思考。例如，有学生说："课堂容量变大了，我们可能就走散了，自己对地理知识具体全面掌握方面有些欠缺，感觉一节课弄不完。"对于学生产生的这些困惑，我希望能通过一些措施弥补，但我更希望的是剧情作品创作类型的地理课能给学生的内心种下一颗种子。正如《小王子》中关于造船的描述："如果你要造船，不要招揽人来搬木材，不要给人指派任务和工作，而是要教他们去渴望那无边无际广袤的大海。"创意地理课程亦是如此，要培养学生的区域认知、综合思维、人地协调观、地理实践力等核心素养，与其单一地引导学生学习，不如让他们去渴望大海的广袤。身在课堂的学生，如何以自己已有经验、思维方式以及心理结构为基础，激发对更高层次的知识和能力的渴望？身为教师的我们又如何结合教材内容，设计有效活动，在陪伴学生主动学会知识和体验学习的过程中，将核心素养理念下地理教学这艘大船掌舵驶往何方？剧情作品创作在中学地理教学中的实践会是一种有益的方向。

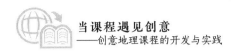
任务 1 聊角色

地理内涵	选取部分地理内涵进行角色定位
阅读世界气候类型分布图，描述世界主要气候类型的分布特征。	示例：人物角色来自哪里？那里气候特征如何？有什么角色任务？…… （1）王博士： （2）土著黄： （3）猎人李： （4）警长董：

任务2 定区域

地理内涵	选取部分地理内涵进行分析
结合实例，说明纬度位置、海陆分布、地形等对气候的影响。	场景1 某大洲 （1）位置：位于_____半球和_____半球，是_____纬度（高、中、低）和_____带（五带），东临_____，北临_____，西临_____，南临_____； （2）地形特征：其地形以_____为主，地势为_____，分布格局为_____，平均海拔高度_____，特色地形是_____； （3）气候特征：有_____气候类型，其气温特点是_____，降水特点是_____； 气候受到维度位置、海陆位置、地形的影响是_____ _____ （4）其他方面：_____ 场景2 某地区 （1）位置：_____、范围：_____；描述地理位置特点：_____ _____； （2）地势及地形特点：_____； 地形与当地人类活动的关系：_____； （3）地区气候特点：_____， 气候对当地人们的生产生活的影响：_____； （4）其他方面：_____

任务3 创作作品

结合实例，说明天气和气候对人们生产生活的影响。

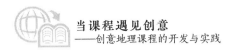
评价：超赞哟 ♥　　　　　不错哦 ●　　　　　加油啊 ⬆

创意激励：

任务 4 　赏作品

在创意地理课程实践中，杨中学子创作了很多剧情作品，比如《火星撞地球——火星人复联到地球》《时空科学家》《探险家的任意门》《川江号子》《火锅变形记》等一系列作品，请一一欣赏，希望这些作品能起到抛砖引玉的作用，帮助你的剧情作品更上一层楼。

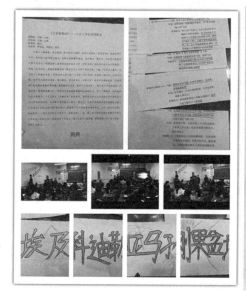

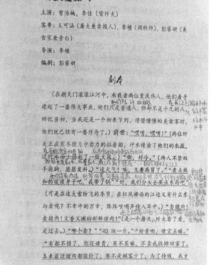

图3-18 剧情作品部分剪影

续图 3-18

学生们的创作天马行空，思维活跃，非常有创意，也让地理的元素与创意在这里遇见了。毕竟他们还只是初中生，所以对地理元素的掌握还不够丰富，对其应用也达不到完美的程度。如果将剧情作品的每一幕场景中的相关内容进行创意诠释，我相信在创意与地理遇见的这条路上，学生们的剧情作品会越来越棒！

3.4.4 您的专属创意空间

请将您的创作呈现到下一页您的专属创意地理空间中吧，让我们在地理与创意遇见的路上，也遇见更好的自己。

评价：超赞哟 ❤️　　　　不错哦 ⬤　　　　加油啊 👆

创意激励：

3.5　"疯狂"的石头

3.5.1　创意来源

1. 课标要求

设计简单的考察方案，利用工具进行观察、观测等野外考察。

2. 课标解读

地理实践包含地理实验、社会调查和野外考察等内容，这里以考察岩石为例，旨在帮助学生掌握和运用这些方法，提高他们的地理实践力。

3. 现实需求

源于大自然中奇石鉴赏的困惑，在教育与鉴赏双重需求的驱动下，我们开展了这场关于地理视角下的岩石与创意的遇见。创意地理课程实践中场景对于每个学生而言可能各不相同，但学生们因为这样的遇见实现了一次真正意义上的自我对话。他们赋予岩石以生命力，在他们的眼中，此刻的岩石不再只是普通的石头，而是具有了更多的身份和意义。

3.5.2　创意构思

1. 策划假期的寻"石"之旅

遇见"美石"活动策划：将你遇见的最美的那块岩石带米，用自己独特的方式分享美石的地理成因、组成、结构、构造、产状、分布等，以及对该美石的地理构想。

2. 岩石科普站

岩石无处不在，随处可见！比如，溪流里的鹅卵石，或者健行步行道旁的石头。岩石覆盖整个地球表面：每一座山脉、每一座岛屿、每一片丘陵，甚至每一块大陆，岩石都是主要构成部分。更神奇的是，海洋里除了水和生物，你知道还有什么吗？是的，就是岩石。

（1）"疯狂"的石头的前世。

嗨，我们是"疯狂"的石头——岩石，我们是一种或多种矿物组成的具有一定结构构造的固态集合体。我们家族是由沉积岩、火山岩和变质岩组成的。地球妈妈在孕育我们的过程中，赋予了我们三个不同的个性。看看你能辨别出我们的不同吗？

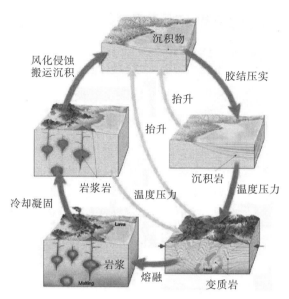

图3-19　岩石的分类及转化

另外，我们家族还有一位"异性"兄弟，即并不是所有的岩石都是由矿物组成。比如，煤是由古代植物遗体经过地质作用后形成的岩石，而琥珀则是由古代树液形成的树脂化石。因为植物遗体和树汁是来自生命体，所以这些岩石是我们家族的"异性"兄弟，即非矿物岩石。

（2）"疯狂"的石头的今生。

首先，我们一起近距离观察一下岩石。让我们做一次岩石猎人吧！请寻找我们家族那位不是矿物岩石家族的"异性"兄弟。

岩石是由一种或多种矿物组成的。因此，先跟大家分享一下矿物的共同特征：

①必须是固体。换句话说，液体和气体都不是矿物。

②必须是由地球妈妈自然生成的。例如，塑料这种人类制造的就不是矿物。

③不能是来自生命体或由生命体所生成的。例如，珍珠是由牡蛎或其他软体动物所产生的，不是矿物；珊瑚礁是海洋中的生物，所以也不是矿物。

④必须具有一定的化学成分。矿物由特定的元素组合所构成，由一种或多种化学元素所组成。呵呵，有点复杂哈，没关系，等你学了化学就明白了。

⑤必须具备原子呈有序排列的晶体结构。世界上所有的物质都是由叫作原

子的最小单位构成。当原子聚集在一起形成某种矿物，通常都会产生晶体，而同一种矿物晶体内的原子，排列方式也一样。

其次，辨别岩石。让我们一起做一次侦探级的岩石猎人吧！矿物的特性是不同矿物差异性的表现，是矿物鉴定的依据，主要包括外形、颜色、硬度、光泽、晶簇、晶系、条痕、解理、透明度、断口等，下面来区别我们家族的各位"小主"们吧！

矿物外形：由其晶体内部结构和生成环境所决定。

矿物颜色：对可见光不同波长的光波的选择性吸收和反射，不同的矿物有不同的颜色，同一种矿物也有不同的颜色，所以矿物的世界是一个色彩斑斓的世界。物体对可见光的选择性吸收是呈现不同颜色的主要原因。决定矿物颜色的主要因素是矿物的化学成分、结构构造以及受氧化程度。比如，白色黄铁矿，这是矿物自身固有的颜色，它是由矿物内部的化学成分和晶体结构共同决定的；再如假色斑铜矿，这是矿物表面或内部某些物理光学效应产生的颜色；再如他色紫水晶，矿物形成过程中，内部混入其他杂质而显现出的一种颜色。中国人很早就对矿物的颜色有所了解并加以运用；有些国画作品就是用矿物颜料画成的，而且这类颜料的颜色比植物颜料更稳定。

自色黄铁矿　　假色斑铜矿　　他色紫水晶

图3-20　矿物颜色示例

矿物硬度：物体抵抗外力侵入（刻画、压入、摩擦）的能力，在提及矿物的物理特性时，常会看到矿物的硬度级别，它是怎么定义的呢？1882年，德国地质学家摩斯提出了用10种矿物做矿物的十级硬度标准，级别越高硬度越硬，这就是著名的摩式硬度。使用的标准矿物分别是：滑石、石膏、方解石、萤石、磷灰石、正长石、石英、黄玉、刚玉、金刚石，对应的硬度级别依次是一至十级，滑石最软，金刚石最硬。

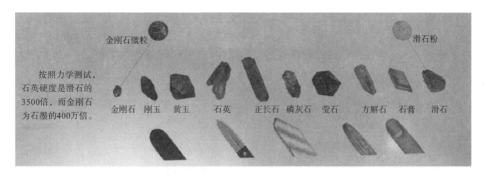

图3-21　矿物硬度示例

矿物光泽：矿物表面对可见光的反射能力，矿物按照反射光强弱划分为金属光泽、半金属光泽、金刚光泽、玻璃光泽。此外，光线（太阳光）照射矿物表面后，光线呈散射状、内反射或在不平坦表面产生特殊光泽。

矿物的特殊光泽有：油脂光泽、松脂光泽、沥青光泽、珍珠光泽、丝绢光泽、蜡状光泽、土状光泽、暗淡光泽，等等。矿物放射光的强弱，与物质本身对光的折射和吸收程度密切相关。不透明矿物折射率大，都呈金属光泽，透明矿物折射率小，都呈玻璃光泽。如自然金是金属光泽，它反射最强，非常耀眼；再如硅孔雀石是金刚光泽，它光泽闪亮耀眼；再如黑钨矿是半金属光泽，它反射稍差，暗淡有光；再如水晶是玻璃光泽，它反射较弱，如同普通玻璃表面的光泽。

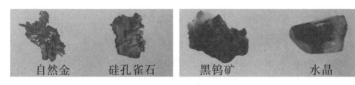

图3-22　矿物光泽示例

矿物晶簇：在岩石基体上，生长着晶形完好的矿物单晶，它们集合在一起就叫晶簇。矿物晶簇是矿物单晶自然集合生长的产物，有时像簇生的花，甚至比花簇还要漂亮，这就是人们喜欢收藏它的原因之一。矿物晶簇一般生长在岩石裂隙或空洞中，它们的一端固定于共同的岩石基石上，另一端自由发育而具有良好的晶型。

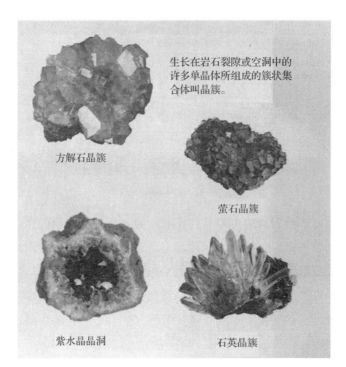

生长在岩石裂隙或空洞中的许多单晶体所组成的簇状集合体叫晶簇。

方解石晶簇

萤石晶簇

紫水晶晶洞

石英晶簇

图3-23 矿物晶簇示例

矿物晶系：根据矿物晶体的外形、对称性等特征，划分为等轴、四方、三方、六方、斜方、单斜、三斜共七大晶系。又根据晶体对称性的强弱强度，将各晶系归入高、中、低级三个晶族。高级晶族中只有一个等轴晶系，中级晶族中有四方、三方和六方三个晶系，低级晶族中有斜方、单斜和三斜三个晶系。

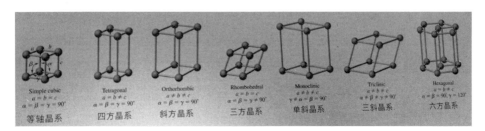

图3-24 矿物晶系示例

矿物解理：在外力作用下，严格地沿一定的结晶方向破裂成光滑表面的性质。

矿物透明度：矿物透过可见光的程度。

矿物密度：矿物质量与其体积的比值。

部分岩石鉴赏，以下岩石样本源自重庆自然博物馆和杭州自然博物馆。

（a）

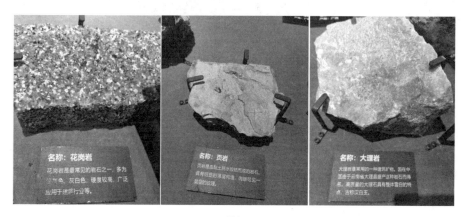

（b）

（c）

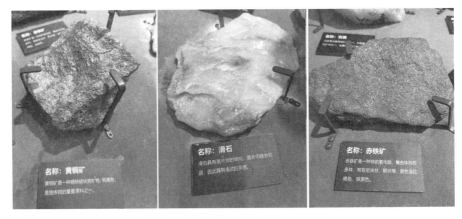

名称：黄铜矿

名称：滑石

名称：赤铁矿

(d)

名称：石英

名称：石膏

名称：钨矿

(e)

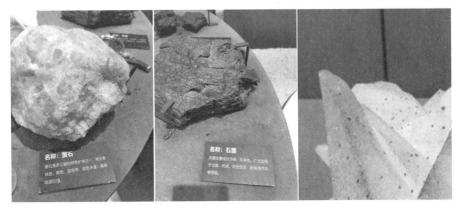

名称：萤石

名称：石墨

(f)

(g)

(h)

图 3-25　岩石鉴赏

（3）"疯狂"石头的未来。

地质学家已经辨识出地球上数千种不同的矿物。矿物有各种不同的形状、颜色及质地，也有不同的用途。有学生说："石之风采，理之文化"；也有学生说："石，谓之千奇百怪，石之奇，石之怪，石之美，石之意，美石，将带给你不一样的感受。"带着这样的理解，期望能帮助学生打开科普世界的新视野，在地质科普的同时释放学生的创造力。"路漫漫其修远兮，吾将上下而求索。"地球上岩石的秘密还有很多，期待您脚踏实地地探索，未来可期！

比如，我国传统中医药中有一类被称为金石类的特殊药材，也就是各种药用矿物。药用矿物在《神农本草经》、《本草纲目》等各类传统医学典籍中多有记载；药用矿物是指传统加工炮制为药材，使用于传统医药的单矿物或矿物集合体，常用的有石膏、雄黄、滑石、蒙脱石、朱砂、砒霜、芒硝等。比如，南京地铁三号线大行宫站的金陵十二钗壁画中《红楼梦》中的十二个女性形象，

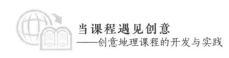
不同颜色的岩石，裁剪打磨构成一幅幅精美的艺术品，这也不失为岩石的未来方向之一。

图 3—26　《红楼梦》中的女性形象

请将你探索到的"疯狂"石头的更多未来写到下框中。

评价：超赞哟 🖤　　　　不错哦 ⬤　　　　加油啊 👆

创意激励：

3.5.3 创意呈现

<h3 style="text-align:center">任务1 参观"岩石"展览馆</h3>

走访重庆市自然博物馆或校园岩石展，感受每种岩石的独特，欣赏岩石的地理美，创作"疯狂"的石头作品。

1. 零距离参观、感受"岩石"

（a）

（b）

图3-27 杨中学子参观岩石展

2. 看完热闹，摸门道

鉴赏过程中有些岩石容易混淆，让我们一起来摸摸门道吧！这里以鉴赏和区分大理岩与花岗岩为例，首先是看，即用放大镜观察岩石颗粒，颗粒有不同颜色的是花岗岩，颗粒晶莹且有纹理的是大理岩；其次是摸，即用手指触摸岩

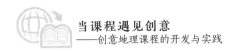

石表面，两种岩石的颗粒粗细大致相同；再次是划，即岩石相互刻划，能在另一块岩石上留下痕迹的是坚硬的花岗岩，另一款较软的是大理岩；因此，大理岩常有纯白色、黑色等，常有美丽的条纹，颗粒较大，比较粗糙，晶莹润泽，紧密，较软；花岗岩常为花斑状，由黑、白、肉红等颜色或无色透明的颗粒组成，颗粒较大，粗糙，很坚硬。最后，请用同样的方法也观察一下其他岩石矿物吧！

正如一位学生参观后所说："奇石千万种，唯'它'最独特。"请描述你眼中的那块最"独特"岩石的地理美。

评价：超赞哟 ♥   不错哦 ●   加油啊 ⬆

创意激励：

3. 填写"岩石猎人观察记录表"

第　　小组观察员：　　　岩石编号：　　　岩石名称：

岩石猎人观察记录表

矿物颜色	矿物硬度	矿物光泽	矿物晶簇 晶簇形态	矿物晶系	矿物构造	矿物颗粒形态	矿物敲击声音	外形	解理	透明度	密度
对可见光中不同波长的光波的选择性吸收和反射	物体抵抗力侵入（刻画，压入，摩擦）的能力；硬度一到十级；标准：滑石、石膏、方解石、萤石、磷灰石、长石、石英、黄玉、刚玉、金刚石	矿物表面对可见光的反射能力；金属光泽、半金属光泽、金刚光泽、玻璃光泽		等轴、四方、三方、六方、斜方、单斜、三斜	层理、气孔、条纹、生物遗迹	颗粒大小、颗粒结构	浑浊、清脆	由其晶体内部结构和生成环境所决定	在外力作用下，严格地沿一定的结晶方向破裂成光滑平面的性质	矿物透过可见光的程度	矿物质量与其体积的比值

评价：超赞哟　　　不错哦　　　加油啊

创意激励：

任务2 "疯狂"石头的创意表达

在校园岩石展中，不仅有现成的岩石标本，也有学生们收藏的岩石。此外，有学生将石头画和自己动手创作的石头绘本等多种形式的作品带来分享。学校师生见识各种石头的同时，也见证了石头的别样"疯狂"。比如，有这么一位学生，他不仅喜欢收藏岩石，还喜欢琢磨岩石。他说："有些岩石是有香味的……"他还创作了《陨石猎人与地理》和《化石猎人与地理》，图3-28就是其作品的部分截图。

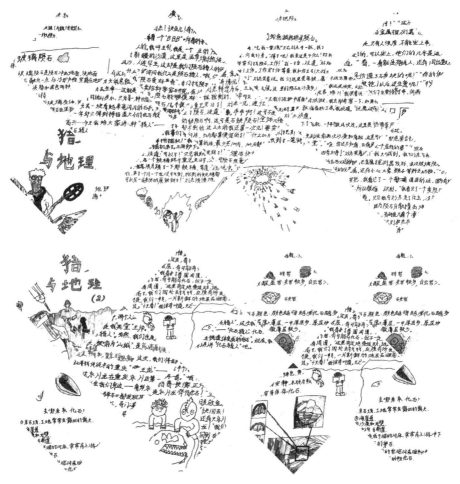

图3-28 《陨石猎人与地理》作品中的部分截图

你对"疯狂"石头的创意表达是怎样的呢？请呈现在下框中。

评价：超赞哟 ♥　　　　　不错哦 ●　　　　　加油啊 ⬆
创意激励：

　　也有学生查阅资料后以这样的方式诠释他心目中的"疯狂"石头：你好，我是陨石（meteorite），也可以叫我"陨星"，是地球以外脱离原有运行轨道的宇宙流星或尘碎块飞快散落到地球或其他行星表面的未燃尽的石质、铁质或是石铁混合的物质。因为我是外太空的来物，所以对我身份真假的识别是需要仪器鉴定的，肉眼只起辅助的作用。我大部分来自火星和木星之间的小行星带，小部分来自月球和火星。一般可分为石质陨石、铁质陨石、石铁混合陨石。如果你想对我的身份进行鉴别，那么可以从以下几个方面入手：

　　①外表熔壳。陨石在陨落地面以前要穿越稠密的大气层，在降落过程中与

大气发生摩擦产生高温，使其表面发生熔融而形成一层薄薄的熔壳。

②表面气印。由于陨石与大气流之间的相互作用，陨石表面还会留下许多气印。

③内部金属。铁陨石和石铁陨石内部是由金属铁组成，球粒陨石内部也有金属颗粒，在新鲜断裂面上能看到细小的金属颗粒。

④磁性。正因为大多数陨石含有铁，所以95％的陨石都能被磁铁吸住。

⑤球粒。大部分陨石是球粒陨石（占总数的90％），这些陨石中有大量毫米大小的硅酸盐球体，称作球粒。

⑥密度。铁陨石的密度远远大于地球上一般岩石的密度。

图3-29　陨石

当然，你可能会对我的坠落感兴趣，那我们来聊聊吧。大多数流星体在进入大气层时都会瓦解，大陨石击中地面时的速度可能仍接近它们的第二宇宙速度，其他的陨石则因不够大，坠地时都已经达到终端速度。因此，陨石能够在地面上留下一个个大小不一的撞击坑。有些流星体穿过大气层时产生的火球可以非常明亮，甚至足以媲美太阳的强度，然而大多数都比较黯淡，尤其是在白天不会被注意到。许多有关火球的颜色曾被报道过，其中有黄色、绿色和红色。随着物体的碎裂，会有闪光和爆发。陨石在坠落时经常会听到其碎裂形成的激波产生爆炸、碎裂或隆隆的声爆。在较大的范围内都可以听到这种声音，半径可以达到数百公里或更大。而且有火球经过的天空，还经常能看见烟尘的尾巴在大气层内残留时间长达好几分钟。

听完这位学生的诠释，你心中是否有这样一种好奇：无论是哪个陨石坑，几乎很少有完整的陨石留下来，为何地球上的陨石坑什么都没有？这么大的陨石，凭空消失了？

你的观点：（未知的世界需要你发挥创意，思考其地理环境等来揭秘。加油！相信你能行！）

评价：超赞哟 🖤　　　　不错哦 ⬤　　　　加油啊 👢

创意激励：

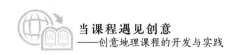

3.5.4　您的专属创意空间

请结合自身的个性特征进行创作，赋予"石"之灵性，将您的创作呈现到下框中您的专属创意地理空间里。让我们在地理与创意遇见的路上也遇见更好的自己。

评价：超赞哟　　　　不错哦　　　　加油啊

创意激励：

3.6　穿越时空的华夏衣冠①

3.6.1　创意来源

1. 课标要求

（1）运用地图和相关资料，描述某地区的地理位置，简要归纳自然地理特征，说明该特征对当地人们生产生活的影响。

（2）运用反映人种、语言、宗教、习俗等内容的图文资料，描述世界文化的丰富多彩，树立尊重世界文化多样性的意识。

2. 课标解读

能够观察、描述地球上服饰文化这种人文环境要素的基本状况，以及服饰文化受到地理位置或自然环境的影响；并能描述世界服饰文化的多样性。从情境中引发问题，再转化为解决问题的任务，促使学生在完成任务的过程中领会和建构知识，如结合具体案例，运用数据、图像等资料，描述和简要归纳世界服饰文化的基本特征与空间分布特点。能够结合世界服饰文化这一事物和现象，运用认识区域的方法，简要分析这些事物和现象发生的区域地理背景，形成从地理视角看待、探究现实世界的意识和能力，初步具备全球视野和社会责任感。以衣冠为例，发展学生创新力、激发学生潜能和渗透中华优秀传统文化的教育功能为目标，通过"情境化"整合与拓展的内容设计，以"活动体验项目"式的内容体系，采用弹性的活动建议开展衣冠相关的主题活动。

3. 现实需求

阿尔伯特·爱因斯坦在一次演讲中说："当你把学校里学到的一切东西都忘掉以后，剩下的就是教育。"在中学地理教育中，如果将地理教学资源经过知识浓缩和逻辑加工之后呈现在学生们面前，那么学生恐怕是很难从中体会"上知天文，下知地理"的学科渊博的内涵，也感受不到其个性创新的美妙，

①　本设计案例在重庆市教育科学研究院组织的中学地理教育教学论文大赛获得重庆市二等奖。

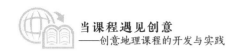
更加无法实现其与不同个体思维碰撞后迸发出智慧的火花。

新时代，党和国家从政策层面重视中华优秀传统文化的教育功能，要求课程要强化中华优秀传统文化的铸魂育人功能。"传统服饰"是中华优秀的传统文化，也是过往时代的人文在自然地域环境影响下形成的文化标志，它们各具特色，充分揭示不同自然和人文环境下的人类智慧，是地理学科课程开展的重要组成部分。

在这样的背景下，国内外关于地理与服饰的相关研究成果较多，但同时包含传统文化、服饰、地理、创作这几个信息的研究较少，已有的研究大多侧重服饰与自然环境、服饰与地理文化等某一个层面的信息，比较单一且侧重于以往事实性信息的传递，而且其内容与创意更多的是来源于教师层面。随着《义务教育地理课程标准（2022年版）》的实施，新课标要求关注培养学生的学习兴趣、学习能力、创新意识和实践能力；在评价方面，不仅要求关注学生的学习结果，更要关注学生的学习过程；在课程资源开发与利用方面也提出要充分开发、利用乡土地理课程资源，这对丰富地理课程内容、增强地理教学活力具有重要意义。因此，穿越时空的华夏衣冠创作活动在地理课程中的开发与实践就显得极为重要。

3.6.2 创意构思

鉴于以上思考，选择穿越时空的华夏衣冠创作为案例，让学生在重庆真实的地理情境中进行创作、分享、交流与反思，实现学生的地理学习源于生活、行于创作、成于真实。

1. 活动价值

以穿越时空的传统服饰在地理课程中的开发为目标，借助重庆乡土地理的丰富资源，打破了传统地理课程的呈现方式，重新考量新课标下学生的需求，突破时空界限，培育学生的核心素养和个性创新。

与常规地理课程相比，"穿越时空的华夏衣冠"主题活动中的教学素材丰富多元，其功能结构也着重体现学科综合和个性创新发展，而且创作的设计思路可迁移到其他学科。

2. 活动目标

本节的案例在地理课程中的开发与实践重点关注课程、教与学、评价三位一体的教育体系。其目标定位于个性化、创意性和参与性，其内容根据现行教材内容与乡土地理内容的整合与拓展，其评价关注参与、兴趣、合作、创新。侧重学生的个性发展和创新能力，因此，在内容的选择和整合过程中让学生有更多的选择和参与的机会，进行整合与拓展，体现其创新性，强化个性体验。

3．活动内容

本节的案例在地理课程中的开发与实践有四个基本要求：

一是活动要尽可能具有开放性；

二是活动内容要基于地理但不局限于地理；

三是体验方式要强化过程化和创新性；四是成果多样化。

4．活动思路

首先，访谈部分学生，了解他们对于传统服饰的了解度、接受度以及兴趣度等内容，从中获得一些对穿越时空的华夏衣冠创作在地理课程中的开发与实践有益的信息。其次，根据课标要求与教材内容，设计并创作部分传统服饰，且将其设计理念中地理元素的呈现方式予以分享和交流。

3.6.3　创意呈现

"千年华夏，衣冠璀璨。"诗人苏轼在《望江南·暮春》中用诗句"春已老，春服几时成。曲水浪低蕉叶稳，舞雩风软纻罗轻"诠释衣冠因时节变化。杜甫在《太子张舍人遗织成褥段》中以"服饰定尊卑，大哉万古程……"等诗句描述衣冠因人而不同。衣冠从遮羞保暖的功能到身份地位的象征，再到个性认同，不仅璀璨华美，更丰富多彩。服饰作为一种文化形态，贯穿时空，不仅可以通过服饰看出历史的变迁、经济的发展和文化审美意识的演变，也可以通过服饰辨识当地的自然和人文。

在你的视野里，华夏衣冠有多丰富，它们为何如此多彩？请带上你的个性创意，来一场穿越时空的衣冠之旅。

请将您最喜欢的衣冠绘制或者粘贴到下面的方框中。

	衣冠解读：

评价：超赞哟 ♥　　　　　　不错哦 ●　　　　　加油啊 👍

创意激励：

任务 1　穿越时间的衣冠

1. 穿越史前—商周时期的衣冠

回望数万年前，那时的人类已经会使用骨针，并用动物皮毛、树叶、树皮等缝制衣冠来遮羞保暖。这主要是由于那个时期的人类文明比较原始，人类就地获取衣冠原材料，热带地区的衣冠原材料多采用树叶、树皮等，较为单薄透气，寒冷地区的衣冠原材料多采用动物皮毛，较为厚重保暖。虽然衣冠制作简单，但其也顺应自然环境发生了变化。一定程度上，衣冠是受自然环境的影响的。

约公元前 7000 年，也许是衣冠原材料的不足或是受到某种启发，人类制作衣冠不再局限于动物皮毛，开始使用植物纤维作为编织布料，那时的衣冠的功能主要为遮羞保暖，样式也较为简单，不仅是对自然的适应，也有了改造植物纤维的思想萌芽。

随着社会的不断发展，衣冠不仅仅是遮羞保暖，还被赋予了审美角色。不管是衣冠的多种穿戴款式，还是身体外露的部位搭配的多样饰品，抑或是发型的不同款式，这个时期衣冠体系渐渐成熟，衣冠饰品的细节设计，实用功能减弱，对美感的要求渐强。因为对美的追求与审美认同，这个时期人文要素的影响增强。

2. 穿越西周—秦汉时期的衣冠

在这个时期，衣冠开始变得不仅是个人生活中的必需品，而且慢慢融入了政治生活中，起区分着阶层和财富的作用。以衣冠的原材料为例，能够遍地生长的葛麻为平民使用，而靠人工养殖才能得到的珍贵蚕丝则是贵族的衣料来源，身上的饰品成为身份尊卑的标志。但这没有阻止人们对美的追求，随着纺织业的发展，一定程度上改变了服饰用料的分配使用格局。尤其是人们开始创造性地将上衣和下裳缝合，打造出流行至秦汉的经典服饰深衣，不分贵贱贫富都可穿着。衣冠受到原材料和政治这两大自然和人文因素的影响。

3. 穿越秦汉—隋唐时期的衣冠

这个时期的衣冠款式更加多元，秦朝的兵马俑均穿上衣下裤，这是农耕文化的中原地区的常见着装。而当时的北方游牧民族善于骑射，穿窄袖上衣配合裆裤，受到草原文化冲击的赵国为了强化军队战斗力，采用推行"胡服骑射"，这是华夏衣冠第一次多元融合，也是农耕区与畜牧区的一次变革。后来魏晋南北朝时的民族迁徙，是华夏民族又一次融合，更是华夏衣冠的一次大融合。至公元 8 世纪的唐朝，东西方之间因丝绸之路商贸往来频繁，外国商人与使臣穿着形式各异的衣冠行走于闹市街头，呈现出一幅独具异域风情的社会面貌，衣冠融合更是达到了巅峰。唐朝的衣冠款式开放、包容，处处体现出国家的强盛和国民的自信。这一时期的衣冠受到农耕文化和畜牧文化的影响，衣冠既服务

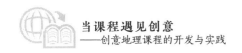
于从事的农业活动，又受到多元文化的影响更加多元化。

4. 穿越宋元—明清时期的衣冠

在跌宕起伏的历史长河中，唐朝衣冠的多元融合在唐朝末年的动荡中磨去了锐气，渐渐回归典雅，衣冠朝着精致的方向发展。宋朝承袭五代十国男性衣冠"道袍"的简约朴素，女子穿着凸显清瘦身材的"褙子"。当时衣冠相关行业较为发达，宋代服饰精致华丽，饰品也是丰富多样，连头发也要梳出高大的发髻，以便更好地进行装饰。元朝，穿衣风格与中原不同的蒙古人，也迅速被精致生活和豪华气派的衣冠折服，他们的衣冠也逐渐采用精致的布料、装饰和工艺。明朝时期的衣冠更是千姿百态，华丽程度堪称中国古代服饰艺术的典范。到了清朝，满族女子脚踩"花盆底"，身穿直筒的旗装，头上戴着"旗头"；而汉族女子则是身着"马面裙"，发式多为"牡丹头"。直到 1840 年以后，随着清政府被迫签订一系列的不平等条约，西方列强打开了中国贸易市场大门，中国古代衣冠才逐渐没落，直至消失。这一时期衣冠受到人文因素的影响很大。

5. 穿越近现代的衣冠

近现代的衣冠呈现自由穿着，随性打扮。衣冠的功能不只是遮羞取暖，也不是身份地位的象征，更多的是体现自由与随性，是个性认同。其受自然环境的约束渐渐减弱，但受人文环境的影响逐渐增强。随着四季变迁，因时节而变换衣冠，主要是为了舒适和实用，也是个性认同。

6. 穿越时间的衣冠

无论是商的"威严庄重"，还是周的"秩序井然"，抑或是战国时期的"清新"，以及汉的"凝重"，六朝的"清瘦"，唐的"丰满华丽"，宋的"理性美"，元的"粗壮豪放"，明的"敦厚华丽"，清的"纤巧"，这都无不体现古人的审美倾向和思想内涵，也展现不同时空的人文和自然内涵。

请你设计穿越时间中某个时代的衣冠，并说明设计内涵（如地理内涵、审美内涵等）。

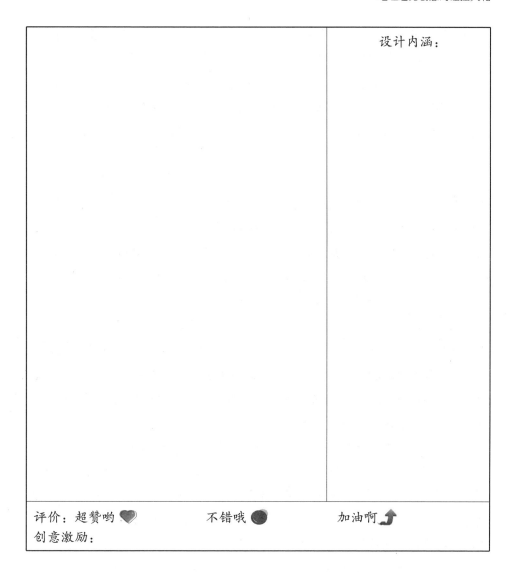

设计内涵：

评价：超赞哟 ♥   不错哦 ●   加油啊 ⬆

创意激励：

任务2 穿越空间的衣冠

衣冠的选材、款式、颜色、配饰等内容受到当地自然环境中地形、气候、河流等因素的影响，也受到人文因素中喜好、宗教等因素的左右，用地理的视角来挖掘和呈现，感受传统服饰中不一样的地理味道。

1. 重庆范围内的衣冠

巴渝先民以天然植物纤维做蔽体遮羞的服饰材料，也利用棕榈树的树皮纤

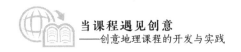

维制成防雨披肩和使用竹子编织成斗笠。这里是亚热带季风湿润气候，夏热冬冷，湿润多雨，气温高，雨季长，霜雪少，湿度大，有"火炉"之称。棕榈树皮的防潮功能非常适合这种温暖、潮湿的气候，这也是地域性对于衣冠材料选择的影响；后来受移民文化等人文因素的影响，衣冠材料由天然纤维逐渐扩充到棉、丝织品。这些衣冠材料透气吸湿性良好，是巴渝人民依据自身地域气候特点的选择。

受地域宗教文化以及特殊文化性格影响下的衣冠形态崇尚简朴、经济实用，由巴人后裔的土家族自己织布制成衣冠。这里的衣冠色彩花纹图案斑斓，是巴渝地区阴雨连绵、潮湿的环境中表现自我的一种展示；色彩注重自然属性和刺绣装饰多是山地多见动植物为主；衣冠样式简朴实用，如巴渝后人的土家族衣冠仍保留《永顺府志》记载："上民散处山谷间，男女短衣跣足，以布裹头，服斑斓之衣"便是巴渝人民适应自然环境的衣冠选择。

基于"传统"，立足重庆。随着时代的发展变化，以重庆乡土地理为基础，用地理视角审视古代衣冠，欣赏当下的传统与新潮，展望重庆未来别样的服饰。在华夏衣冠的创作过程中学生们的创造力和探索精神得到了充分的展现。受重庆"山城""江城""雾都""魔幻 3D 城市"等自然和人文环境特征影响，重庆范围内的衣冠类型较为多样。

以华夏衣冠中的汉服在重庆地理条件下的设计为例，重庆的夏季气候炎热，加之河谷区域空气湿度大、山地丘陵崎岖的地形等自然环境的关系，需对原有汉服的长短、厚薄、颜色、配饰等内容进行设计和改造；而重庆人的性格是敢于挑战、敢于创新，又具有国际范儿的。这也造就了学生们地理条件视角下既传统又新潮的现代重庆汉服的创作设计。

请你设计重庆地理条件的汉服并对其设计内涵进行诠释。

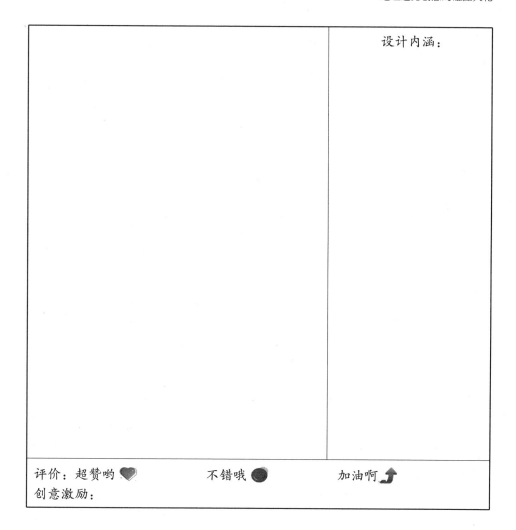

设计内涵：

评价：超赞哟 🖤　　　　不错哦 ⬤　　　　加油啊 👆

创意激励：

2. 中国范围内的衣冠

中国"上下五千年，纵横一万里"，漫长的历史积淀和广袤的国土孕育了多种多样的衣冠。中国衣冠文化源远流长，独具特色，以至于古代中国一向以"衣冠上国""礼仪之邦"著称于世，衣冠是中国的文化特征和精神载体。

由于受到地理环境的影响，千差万别，千变万化，无不打上某地区的烙印，因此，从某种意义上讲，是地理环境造就了衣冠差异。地理环境不仅决定衣冠面料的选择，而且还潜移默化地影响衣冠特点的形成与发展。

我国地处亚热带的东南沿海地区，如江浙、广东等地，地理纬度较低，气候湿热，自然条件十分适合桑蚕养殖。绸缎类衣冠的原材料蚕丝主要来源于桑

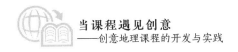

蚕，因此出现了著名的苏绣、粤绣等。因天气湿热，大多衣冠呈现短窄轻薄的特点，且风格生动活泼，式样繁多。

地处我国东北地区的乌苏里江畔，这里的赫哲族靠江谋生，有 6000 多年的历史，世代以捕鱼、狩猎为业，穿着鱼皮衣等；因为黑龙江地区的江水冬寒夏凉，多产大鱼，这些鱼的皮厚且质好，晒干后捶打变软，便制作成了轻便、保暖、耐磨而又不透水的鱼皮衣。另外，生活在东北地区的满族，为了适应这里夏季短暂炎热，冬季漫长寒冷，以旗装作为满族的民族服饰。现在享誉世界的旗袍的设计灵感正是源自满族的旗装。

地处我国西南地区的西藏，这里的藏族人民都身穿特别的"藏袍"，这主要是由于西藏位于高原气候区，海拔高，气温低，冬季漫长，夏季短暂。当地人都穿着露半边臂膀的藏袍，袖长宽松，冬季穿皮袍，夏季穿棉袍，白天当衣，晚上当被，以适应高寒的气候条件。又由于这里温差大，天气变化无常，藏袍内有布衣或袒胸，中午炎热时将一只胳膊露在外，行走或劳动时，将双袖扎于腰间，一旦天气骤变，可将胳膊穿进袖筒，非常实用方便。地处西南地区的其他省（直辖市），如贵州、云南、四川、重庆等拥有与西藏不一样的自然和人文环境，自然而然呈现为不一样的衣冠璀璨。

我国西北地区气候干旱，太阳辐射强，晴天多，适合种植棉花和发展畜牧业。他们的衣冠主要采用棉类、羊毛类、皮制类。以维吾尔族为例，这里气候干燥，冬夏气温变化大，衣冠用料上，夏季干燥天气适合以绸为原料，冬季采用保暖性能好的土布为原料。设计上追求简洁，女子多裙装，下裳宽大；男子多长裤，长筒革靴，裤腿扎进长筒靴，有防寒的功效，追溯历史久远，也称其为保暖耐寒的"足衣"。以蒙古族的衣冠为例，这里以畜牧业为主，他们的衣冠须适应放牧的需要，具有浓厚的草原风格；无论男女都穿肥大的蒙古袍，便于骑马时护住膝盖，袖筒细长，方便骑马持缰，冬季可御风寒，夏季能防止蚊虫叮咬；蒙古族穿的皮靴有翘头和圆头之分，翘头的适合在深草中行走，圆头的适合在浅草或无草区行走；因此，蒙古族的服饰有较强的防寒作用，而且又便于骑乘，长袍、坎肩、皮帽皮靴自然就成了首选；蒙古族生活的内蒙古高原地理上属于中纬度的内陆地区，是温带大陆性气候，冬季漫长严寒，春季风大少雨，夏季温热短促，秋季气温巨降，昼夜温差大，因此这里的人们一年四季都穿着长袍，冬季棉袍，夏季皮袍。

　　总之，我国衣冠南北差异明显，总体上呈现为北长南短，北宽南窄，北裘南丝，北厚南薄；在不同的气候环境中衣冠样式风格差异较大，气温炎热则穿着浅色、短衣冠，气温寒冷则衣冠深色、厚实、长袍，温差大则衣冠宽松、方便穿脱，光照充足则冠以斗笠、头巾，降水多则衣冠注重防雨防潮，风大则衣冠注重防风沙，湿热则衣冠以长裙防蛇虫。除了自然条件，东西差异和人文地理环境（如生产方式、生产水平、审美意识、宗教、民俗、政治因素）也会影响衣冠样式风格的不同。

　　请您绘制中国少数民族衣冠，再将其归属到某个地理空间，其衣冠设计须结合当地的自然和人文环境，并有所创新。

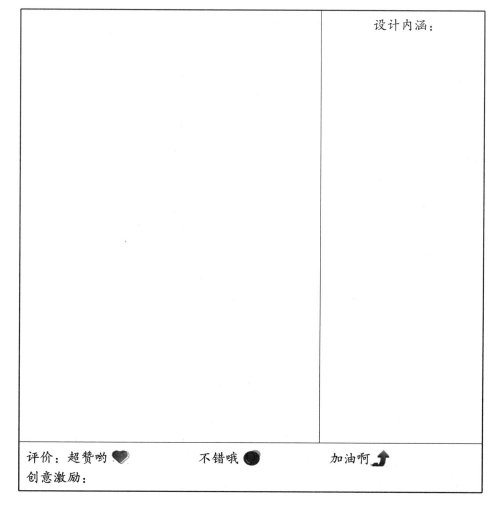

设计内涵：

评价：超赞哟 ♥　　　　　不错哦 ●　　　　加油啊 ☝

创意激励：

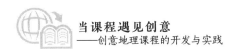

3. 世界范围内的衣冠

虽然我们同处于地球村，但世界各地的气候、地形、水源、习俗、宗教等自然和人文的因素各不相同，因此也形成了丰富多样的世界衣冠。

以印度的衣冠为例，印度"纱丽"，其质料以棉和丝为主，感觉非常柔软通风，非常适合热带多雨的印度天气。同样，马来西亚的"菠萝服"、夏威夷的草裙也是如此。

生活在干旱少雨荒漠地区的阿拉伯人，为适应沙漠炎热干燥且多风沙的自然环境，所以戴头巾、穿长袍。阿拉伯男子选择穿白袍是因为白色反光强、吸热少，头巾主要是为了遮阳挡风沙，当然这里的头巾也和当地的人文习俗有关；而长袍宽大，能遮住全身，外面的风吹到袍内，能迅速蹿遍上下，起着一种"烟囱效应"，将身体散发的湿气一扫而去，此外，长袍遮挡阳光照射身体，灌满空气的长袍又可以起到隔热作用。

关于世界范围内的衣冠，更多的璀璨与精彩由您来续写。

	设计内涵：

评价：超赞哟 ❤   不错哦 ●   加油啊 👍

创意激励：

106

任务3 穿越心灵的衣冠

在创意地理课程实践中，我们一起穿越时间和空间，走进了每个人的内心，设计出了心灵衣冠。

示例：通过图 3-30 学生们穿越时空的衣冠设计，让我们走进这场学生们的衣冠穿越之旅吧。

图 3-30 学生们穿越时空的衣冠设计

3.6.4 您的专属创意地理空间

衣冠的古"长"今"短"、衣冠的融合演变、衣冠的地理味道，这些对于同学们有较大的吸引力，分享和体验、反思是创意地理课程实践中主题活动的高潮部分。关于华夏衣冠的继承与创新，学生们用自己天马行空的方式来呈现

他们眼中的传统服饰、他们心中的传统文化、他们身边的重庆、他们理解的地理。其中许多收获和惊喜无法用简单的语言来表达，笔者希望能够在创意地理课程实践中根据学生们的年龄特点和学习规律，培养学生们的核心素养，让学生们在成长过程中获得真正的教育。

华夏衣冠的创意主题活动从筹划、创作、分享、反馈到二次创作，带给学生们许多感触和思考的机会。在感叹学生们的才华同时，也感动于学生之间的自我对话。希望将来能有机会把学生们的创作制作成实物，举行一场地理版传统时装秀……

现在请您策划一场跨越时空的服装秀。

跨越时空的服装秀策划书

策划人：

评价：超赞哟 ♥   不错哦 ●   加油啊 ☝

创意激励：

3.7　地理绘本

3.7.1　创意来源

1．课标要求

（1）运用地图和相关资料，描述长江的特点，举例分析其对经济发展和人们生活的影响。

（2）根据你的创作内容选择对应的课标内容。

2．课标解读

课标要求从中国的河流——长江这一地理事物入手，感受中国山河的壮美。利用丰富多彩的图文资料和学生已有的常识、经验，创设多样的教学情境，引导学生进行探究学习，从而描述长江的特点，举例分析其对经济发展和人们生活的影响。

3．现实需求

"创"造就未来，未来的一切需要创造。未来是千变万化的。我们应如何应对，以及如何从纷繁复杂的信息世界获取对自己有价值的内容，并经过思考加工后形成新的创作，最终获得知识的增长和能力的进步。创意的实现方式多样，绘本作品创作就是可供选择的方式之一，而且这样的地理学习对创作者和其他学生都具有足够的魅力。

3.7.2　创作构思

绘本式的图文阅读与创作，考察原创团队或个人对地理绘本创作中的信息加工、整合、呈现，这对学生们的能力要求较高。创作是对学生自我的挑战和升华，分享于人于己都影响深远，在学生创作分享后，班级内形成一股创作地理绘本的热潮……这里以绘本《地图上的地理故事——长江》为例，作为地理绘本的示例。

策略层次一：读绘本

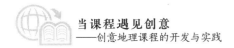
策略层次二：析绘本

策略层次三：创绘本

3.7.3 创意呈现

任务 1　读绘本（初识长河）

活动内容：同伴合作，初读绘本，摸清长江水系的"来"龙"去"脉。

（1）读长江绘本图（图 3-31），说出长江的发源地及入海口，查阅资料了解长江的长度。

（2）结合地形图，说出长江流经地形区和主要支流。

（3）结合绘本图和行政区划分图，说出长江流经省级行政单位和河流分界点。

图 3-31　长江绘本图（摘自《地图上的地理故事·长江》）①

---

① 一瓢. 地图上的地理故事·长江［M］. 济南，山东省地图出版社，2021.

请将您和同伴了解的长江概况（长江的发源地和入海口、流经地形区、流经省级行政单位、主要支流、河流分界点以及其他特点）用思维导图的方式整理到下框中。

评价：超赞哟 ♥　　　　不错哦 ●　　　　加油啊 👍
创意激励：

设计意图：长江奔腾于中华大地，是五千多年中华文明的创造者、承载者、见证者和守护者。地理绘本可激发学生对长江的好奇心，使学生了解关于长江的基本知识。

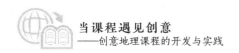

任务 2　析绘本（百变大河）

活动：再读绘本《地图上的地理故事·长江》（图 3－32），从颜色、支流、河宽等方面分析河流的特征差异，寻找长江与人类活动之间的关系。

图 3－32　长江绘本图（《地图上的地理故事·长江》①）

请通过举例分析长江对经济发展和人们生活的影响将您和同伴的探究写到下框中。

---

① 一瓢. 地图上的地理故事·长江［M］. 济南，山东省地图出版社，2021.

表3-4　河流对经济发展和人们生活的影响

	长江河段水文特征	对经济发展和人们生活的影响
以嘉陵江和长江交汇段为示例	流量较大，水位变化较大，汛期较长，含沙量较小，无结冰期等	①饮食：流量较大，水汽充足，河流沿岸湿气重，形成了"火锅"等以辣祛湿的饮食文化； ②建筑：沿江而建，逐水而居，水位变化较大，常常淹没又重建，孕育了特色建筑"吊脚楼"； ③职业：流量较大，水位变化较大，船舶航行途中形成了"纤夫"、"码头"等职业文化； ④交通：流量较大又没有结冰期便于船舶航运，河流的存在又形成了"桥梁"、"索道"等立体的交通网络连接河流两岸。 ⑤其他：经济引擎、母城天然边界等。
上游		
中游		
下游		

拓展提升：举例分析其他河流（黄河）对经济发展和人们生活的影响。

任务 3　创作绘本

通过对绘本上信息的提取、转化与创新，可以进一步提升学生对绘本信息的探索性；通过对绘本信息的阅读、提取，学生掌握了河流的基本要素及其对经济发展和生活的影响，而绘制河流绘本的任务是一个寻找地理信息、转化地理信息的过程，是将人类活动对河流的影响转化为绘本信息的过程，具有一定难度和创新性。

在创意地理课程实践中，下面是部分学子们的作品（图 3-33）。

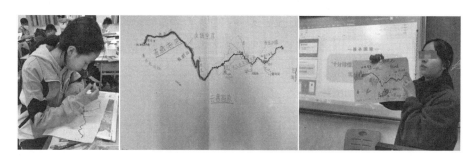

（a）

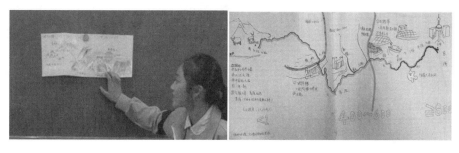

（b）

图 3-33　杨家坪中学部分学子创作的长江绘本

每一份作品都是学生们继续创作的灵感来源，更是超越自我的勇气支撑。地理与创意的碰撞或许能在学生们内心埋下一颗创意的种子。

3.7.4　您的专属创意地理空间

现在请将您的创作呈现到下框中您的专属创意地理空间里，让我们在地理与创意遇见的路上也遇见更好的自己。

评价：超赞哟 ❤   不错哦 ●   加油啊 ↗

创意激励：

3.8 地球的"秘密"

3.8.1 创意来源

1. 课标要求

（1）地球的宇宙环境。

结合科学故事、史实材料等，说出人类对地球形状的认识过程，使用数据、类比等方式描述地球的大小。

运用图片、影视资料以及数字技术等手段，描述地球的宇宙环境、地球在太阳系中的位置，认识地球是人类唯一的家园。

（2）地球的运动。

①地球自转。运用地球仪或软件，演示地球的自转运动，说出地球的自转方向、周期。

结合实例，说出地球自转产生的主要自然现象及其对人们生产生活的影响。

②地球公转。运用模型或软件，演示地球的公转运动，说出地球的公转方向、周期。

结合实例，说出地球公转产生的主要自然现象及其对人们生产生活的影响。

2. 课标解读

课标中使用"说出""描述""认识"这些动词来学习地球的宇宙环境；使用"演示"、"说出"这些动词来体现对地球的运动相关内容的学习要求；其中，课标中要求借助相关资料以及教具、学具等，描述人类认识地球形状的过程，领悟求真务实、勇于创新的科学精神；能够说出地球在宇宙环境中的位置、地球的大小，初步建立科学的宇宙观；借助相关资料以及教具、学具等，描述人类认识地球形状的过程，领悟求真务实、勇于创新的科学精神；学生能够自主演示地球的自转和公转运动，归纳地球的运动规律，并用现实世界中的事例证明地球运动的存在，形成尊重客观事实的科学态度；能够举例说明地球运动所产生的主要自然现象及其对人们生产生活的影响，以及人们顺应自然规律进行社会活动所展现出的智慧，树立尊重自然、顺应自然的观念。

本部分内容属于"认识全球"部分，将地球整体作为学习对象，认识地球所处的宇宙环境、地球的自转和公转运动，课程基于大概念的创意地理学习单元建构与教学策略，建立多元价值观理念的创意地理观。通过创意地理活动帮助学生实现知识和技能的灵活迁移和综合运用，促进学生的身份真正地发生积极的、结构性的变化，它不仅仅是完成创意地理活动的过程，而是生命价值得以实现和提升的过程。

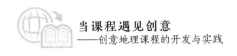

3. 现实需求

地理课堂教学中，中学阶段的学生们普遍觉得地球的宇宙环境和地球的运动相关内容不仅抽象，而且还难以理解；学习的必要和学习的困境，让我们开始思考中学地理视角下的地球与创意的遇见，即探寻地球秘密。虽然关于地球秘密要素的要求是一样，但每个学生理解并创作出来后却各不相同；这可能是学生们的自我对话，他们赋予地球或从地球仪以个性特征，在他们的眼中，此刻的地球或者地球仪不再只是模型或知识，它们具有了更多的个性色彩。

"双减"政策和核心素养的要求，让创意地理课程的设计与开发进入学科教育教学的主流视野，成为焦点问题之一。

3.8.2 创意构思

创意地理课程之地球的"秘密"板块内容，注重认识地球单元或从地球主题角度出发，注重学习思考、领悟创新以及分层分类活动设计等，是一种基于大概念的单元地理创意设计。它可以成为学生成长的一种自觉的生活需要、学习需要和人生需要，关注学生的情感、兴趣和全面发展需要的综合性创意地理活动，在这个过程中引导学生更好地认识自己，促进学生对自己的认识，实现对自己的理解与管理。

以大概念为基本知识，统领大单元体系，关注深度理解和迁移运用，更关注"整合"。首先，以寻"秘"、探"秘"、揭"秘"为思路主线，对地球部分的学科内容进行统整，关注单元或主题的内容的深层次理解和迁移，同时关注学生的认知逻辑；其次，以单元或主题的核心问题，须具有统摄性、开放性特点，通过连续质疑和追问，可打破既有的观点和思维方式，能引导学生深入思考，从而建立更复杂的认知结构。

3.8.3　创意呈现

任务 1　寻"秘"

　　请仿照下面表格中对地球的秘密的梳理方式或者利用地图册进行梳理，寻找地球的秘密。

表 3-5　地球的秘密

核心内容	作品赏析	寻"秘"
地球的形状和宇宙环境		1. 地球的形状，生活中你是通过什么现象发现或是验证地球的形状的？ 2. 请你描述地球的大小，即地球的平均半径是＿＿＿＿＿＿，赤道周长是＿＿＿＿＿＿，表面积是＿＿＿＿＿＿。

续表

核心内容	作品赏析	寻"秘"
地球的形状和宇宙环境	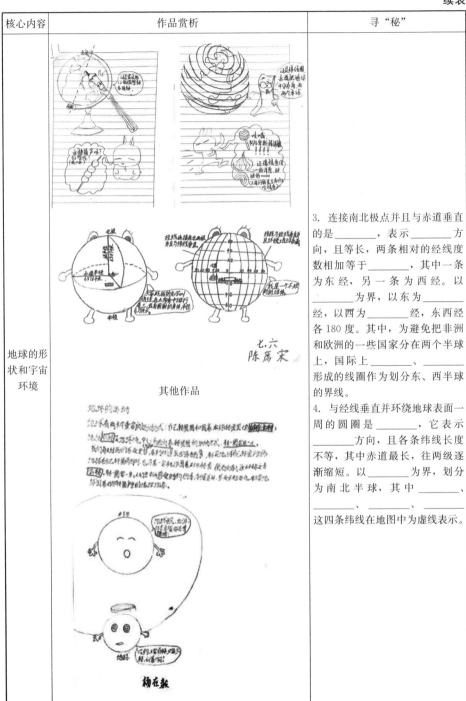 其他作品	3. 连接南北极点并且与赤道垂直的是_____，表示_____方向，且等长，两条相对的经线度数相加等于_____，其中一条为东经，另一条为西经。以_____为界，以东为____经，以西为____经，东西经各180度。其中，为避免把非洲和欧洲的一些国家分在两个半球上，国际上_____、_____形成的线圈作为划分东、西半球的界线。 4. 与经线垂直并环绕地球表面一周的圆圈是_____，它表示_____方向，且各条纬线长度不等，其中赤道最长，往两级逐渐缩短。以_____为界，划分为南北半球，其中_____、_____、_____、_____这四条纬线在地图中为虚线表示。

续表

核心内容	作品赏析	寻"秘"
地球仪	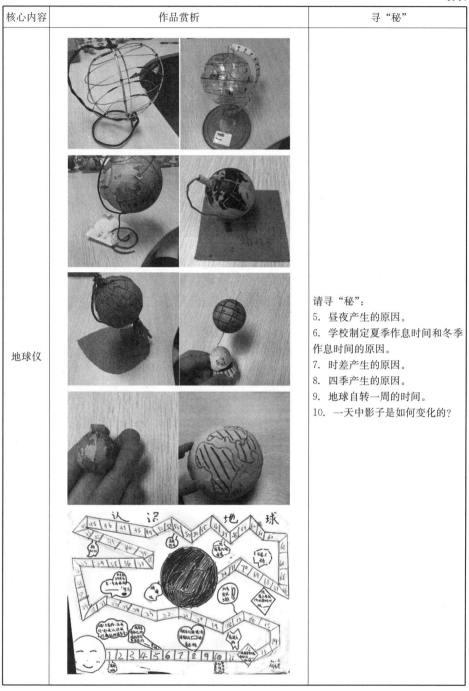	请寻"秘"： 5. 昼夜产生的原因。 6. 学校制定夏季作息时间和冬季作息时间的原因。 7. 时差产生的原因。 8. 四季产生的原因。 9. 地球自转一周的时间。 10. 一天中影子是如何变化的？

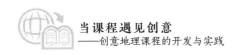

访谈小语录：学生们的 DIY 地球仪可能并不完美，但每一个都是具有个性特征的地球仪。

温馨提示：表中的作品来自我校初中生，版权归原作者所有，这里仅供学习参考使用。

任务2　探"秘"

在浩瀚宇宙中，地球因为它的秘密变得独一无二，请你提取它的秘密，以"地球小传"为题，写一个小传。

温馨提示：请查阅资料，对核心概念（地球的形状、大小、宇宙环境、运动规律及影响等）进行分享解读后列入小传中。

评价：超赞哟 ♥　　　　不错哦 ●　　　　加油啊 ↗

创意激励：

任务 3 揭"秘"

地球是神秘的，但它又是真实的。请根据地球自画像或者制作地球仪模型让同学猜猜它的秘密。

地球自画像 （温馨提示：逆向思维呈现地球的秘密，例如，"如何证明地球是运动的?""如何测量地球的形状和大小?""地球运动对我们的生产生活有什么影响?"培养科学实证的理性思维，以及对身边事物和现象的观察、解释能力）	猜出它的 秘密

3.9 环"球"寻宝

3.9.1 创意来源

1. 课标要求

阅读世界地图，描述世界海陆分布状况，说出七大洲、四大洋的分布。

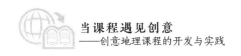

通过阅读地形图、图像，观看影视资料，观察地形模型或实地考察等，区别山地、丘陵、高原、平原、盆地的形态特征。

在世界地形图上指出陆地主要地形和海底主要地形的分布，观察地形分布大势。

结合实例，说明海洋和陆地处于不断的运动变化之中；说出板块构造学说的基本观点，并解释世界火山、地震带的分布与板块运动的关系。

结合实例，说出海洋对人们生产生活的影响。

2. 课标解读

能够运用地图及其他地理工具，"观察""描述"地球表层陆地、海洋的基本面貌，"说出"自然环境要素的基本状况，以及自然环境要素对人们生产生活的影响；"说明"海陆运动的实例，"说出"板块构造学说，"解释"板块运动与火山地震分布的关系；从行为动词可以知道对学生能力的要求一步一步提升。因此，设置从情境中引发问题，再转化为解决问题的任务，促使学生在完成任务的过程中领会和建构知识，从而实现以上行为动词的具体要求。

3. 现实需求

陶行知先生说："创造始于问题。"聚焦核心问题，通过逆向寻找答案，把一个陆地和海洋相关的地理问题转化成了一个 STEAM 项目，以主题引领，使课程内容情景化，将趣味性、多维性、协作性和项目性融入课程，这是未来课程发展的趋势，也是创意地理课程研究的重要组成部分。

3.9.2　创意构思

对于人类来讲，未知本身就非常具有魅力，而用所获得的所有信息进行推理，则可极大地满足人类的好奇心。通过环球寻宝的游戏带着好奇心走遍世界各地，将有形的地理知识渗透到无形的游戏活动中，既轻松有趣又内涵满满。让学生以环"球"寻宝为主线，设计游戏，呈现个人对自然环境中的海洋与陆地相关地理知识的实践与升华，践行地理核心素养。

3.9.3　创意呈现

任务1　试一试

　　玩家，您好！欢迎来到环"球"寻宝这个游戏。您现在身处亚洲，您的任务是走遍七大洲和四大洋。现在，您需要绘制一幅世界地图，用箭头标注您接下来的行程。

评价：超赞哟 🖤　　　　　　不错哦 ⚫　　　　　　加油啊 👣

创意激励：

　　以下作品是我校学生设计的环"球"游戏系列活动，版权归原作者所有，这里仅供学习参考。

示例一

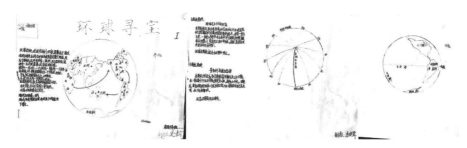

图 3−34　环球游戏

执行环球寻宝的系列任务：

（1）运用世界分层设色地形图，使用橡皮泥、超轻黏土等材料，将世界地图中的地上和地表形态立体地呈现出来；你的作品是什么样的呢？请将你的设计呈现在下框中。

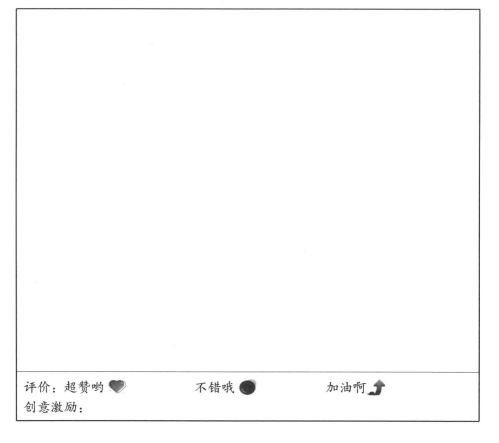

（2）玩家，您好。请根据场景提示，在您的专属世界地形图中去执行相关任务。

在亚洲东部有个古老的国家叫中国，在中国东海区域，由于地壳运动的原因，东海附近的区域经历了沧海桑田的变迁，这里曾经有人类生活过，据说有一座墓地的随葬物品价值连城，请你从这里找出一件镶有龙凤图案的手镯。

场景一：

进入墓地的入口，有两个士兵雕像，分别代表当时的人类（左侧是一个正常人类，右侧是一个像海鱼一样可以在海底呼吸的人类）。请您做出选择。选对，您就能够进入墓地里面；选错，您将被暗器所伤，掉一滴血。

您的选择及原因_____。

场景二：

进入墓地大厅后，发现地面凌乱，有乱石，也有闯入者的尸骨等。大厅的装饰也是大量跌落，原来这里常常发生地震（原因是_____）。答对，您将发现机关；答错，您将被暗器所伤，失掉一滴血，您连续失去十滴血后将会死去。

机关是四幅地球在不同阶段的海陆分布图，找到现在的海陆分布图，并将海底地形画在中国东部的海域中，请您绘制到下框中。如果顺利完成任务，您将获得进入主墓室的机会；如果任务失败，您将会从坡度缓、水深低于 200 米的大陆架区域向东落入大陆坡，水深急剧增至数千米。在滚落到海底后，您可能还会看到洋盆，运气不好的话，您将遇上大洋中新海底诞生的地方，这里火山活动比较强烈，也就是大洋中脊；当然，您也可能会滚落到海洋底部最深的地方，最大深度可达 1 万多米，这里就是海沟，如果您想试试世界最深的海沟马里亚纳海沟的话，您将再次失去一滴血。

评价：超赞哟 ♥　　　　不错哦 ⬤　　　　加油啊 👍

创意激励：

场景三：

进入主墓室后，发现了那只镶有龙凤的玉镯，同时也发现一幅世界地形地图，请您利用地图册的世界地形图，在图中找到世界陆地之最（世界最大的平原、世界最大的高原、世界最长的山脉、世界最高的山脉、世界最大的盆地等）。答对，您就可以带上玉镯和地图离开；答错，你将再次失去一滴血。

（3）将寻到的玉镯带到欧洲进行交易。交易地点为英国格林尼治天文台，将玉镯放到这里，您将获得大量金钱。接头暗号是"大西洋给欧洲带来了什么"。

评价：超赞哟 🖤　　　　　不错哦 ⚫　　　　　加油啊 👆
创意激励：

任务 2　续一续

　　请您续写接下来在某大洲、某地区或某国家所发生的《环球寻宝》故事。

　　要求：将区域的地理知识（既可涉及地理位置、地形特征、气候特征、河流特征等自然地理特征，也可涉及人口、交通、城市、工农业等人文地理特征）续写到您的《环球探险记》的故事中。

——创意地理课程的开发与实践

评价：超赞哟 💙　　　　不错哦 ⚫　　　　加油啊 🐾
创意激励：

PART 4

创意课程的展望

4.1 "云端课堂"的遇见

4.1.1 云遇见的定位

4.1.1.1 课程来源

新课标要求推进教学改革，倡导以学生为中心的地理教学方式。依据学生的认知基础和成长规律，充分考虑学生的生活经验和个体差异性，将现代信息技术与地理教学充分融合，创设多样化的学习情境，设计多层次的学习任务，积极开展地理的云户外实践，使学生深度参与并经历对提升核心素养有意义的学习过程。"云端课堂"中创意地理项目正是基于这样的要求开展实践的。

4.1.1.2 现实需求

1. 国内外研究的需求

进入 21 世纪，创新能力在地理教育教学中日益受到重视，特别是中共中央国务院关于深化教育改革全面推进素质教育的决定颁布后，创新教育、创意课堂、创新精神等相关研究的成果较多。但是，国内外研究中同时包含创意、地理、教学、云端这几个信息的研究较少，已有的研究主要侧重创意导入、创

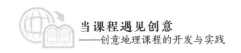

意板书、创意文化旅游、创意教具等某一个层面的信息，比较单一，且地理教学的创意更多地来源于教师层面。随着《义务教育地理课程标准（2022年版）》的实施，新课程标准要求关注培养学生的学习兴趣、学习能力、创新意识和实践能力；在评价方面，不仅要关注学生的学习结果，更要关注学生的学习过程；在课程资源开发与利用方面也提出要充分开发、利用地理课程资源，对丰富地理课程内容、增强地理教学活力具有重要意义。

2. 疫情时的需求

以创意地理项目的开发为目标，借助互联网＋的丰富资源，打破了传统地理课程的呈现方式，重新考量"云端课堂"下的学生需求，突破时空界限，培育学生的核心素养和个性创新。

以互联网或学生们身边常见的场景为素材，不再是单一的教具、学具、多媒体PPT、视频资料等为主要素材，改变了教学素材的单一性。把初中地理的学习活动化、创作化、云端化，实现无痕教育和快乐教育。

从内容的角度，初中阶段的地理知识在内容上相对简单，"云端课堂"中地理创意项目将地理知识、创作活动有机结合，更有利于学生们感受知识生成过程和调动创新的兴趣。

从形式的角度，"云端课堂"中地理创意项目的创作活动性契合初中阶段低年级学生爱玩的天性，创作动态活动是静态学习的有益补充。

从评价的角度，"云端课堂"中地理创意项目有助于释放学生们的天性，观察学生们的综合表现，这为实施多元评价和过程评价提供了可能性。

需要特别提出的是，与传统地理课程相比，"云端课堂"中地理创意项目在教学素材方面具有丰富性和多元性；在功能结构方面着重体现学科综合和个性创新发展，而且创意项目的设计思路可迁移运用到其他学科。

4.1.2　云遇见的构思

4.1.2.1　问卷探需求

以学生作为调查对象，以问卷调查为主，访谈和其他方法为辅，对"云端课堂"中地理创意项目的主题、动机、兴趣、学习状态、学习能力、学习时间等方面的内容展开调研和数理统计，从中获得一些有益的信息。

4.1.2.2 课标引方向

根据初中学生的特点和初中地理的课标要求，设计并创作"云端课堂"中创意地理作品的案例，以课标要求指引的方向设计出具有创意性的成果。

4.1.2.3 云端践创意

中国"上下五千年，纵横一万里"，积淀了各种丰富的人文和自然资源。各类资源又不断创新呈现方式，让远在"天边"的你我也能有近在"咫尺"的体验。"云"资源为我们的"云课堂"提供了借鉴与参考。比如，故宫博物院的官方微信公众号页面有"云游故宫"，里面不仅有智慧地图、路线规划、VR探索、全景故宫等，既全面、丰富又非常有创意，而且让大家的"云体验"妙不可言。又譬如，重庆自然博物馆也在其官方微信公众号服务菜单中添加了"云上自博"，我们不仅可以 VR 全景漫游，观赏镇馆之宝、特色展览，走进研学课堂、文创商店等，还可以学到《尖叫百科》中常常更新的科普知识。

除了现成的各类云资源，互联网也为我们提供了丰富的课程教学内容。让我们有了沉浸式体验，可以通过重组"云端"资源，来一场说走就走的"云研学"和"云课堂"沉浸式的遇见。

4.1.3　云研学的遇见①

4.1.3.1　研学准备

研学前进行地理问卷调查，为云研学提供数据支撑。"云研学"的问卷调查见表 4−1。

---

① 本案例在重庆市教育科学研究院组织的全市基础教育课程改革论文评选活动中荣获重庆市一等奖。

表4－1　"云研学"的问卷调查表

一级指标	二级指标	学生	家长	教师
知识与技能（20分）	研学前对重庆区域内部的地理知识及地理原理的掌握情况（5分）			
	研学前收集和获取与重庆相关信息的能力（5分）			
	研学前整理相关资料和数据的能力（5分）			
	研学前运用地理知识解释重庆的自然和人文地理现象的能力（5分）			
过程与方法（20分）	研学前感知、积累、收集、比较、分析和归纳地理信息的能力（5分）			
	研学前对网络地理信息的分析和作出的判断（5分）			
	研学前发现和提出有价值的问题数量，5个以下3分，5～10个4分，10个以上5分（5分）			
	研学前参与小组合作和讨论的积极程度（5分）			
情感态度价值观（20分）	研学前学习态度（5分）			
	研学前集体意识（5分）			
	研学前对地理事物和现象的好奇心（5分）			
	研学前对重庆环境与发展的客观认识（5分）			
"云研学"之城门几丈高（40分）	"云研学"之城门几丈高主题活动内容了解（40分）			
评价得分		A	B	C
总分		$A \times 40\% + B \times 30\% + C \times 30\%$		
对该同学在此次"云研学"前的表现进行语言评价	自我评价：			
	家长评价：			
	教师评价：			

4.1.3.2　研学过程

"云研学"之城门几丈高

【背景资料】

视频资料：纪录片《城门几丈高》。

部分文字资料列举在下文中，更多相关资料请查阅互联网。

资料一：

重庆不同于中国其他诸多的历史古城，东南西北城墙，一般为四座城门——古时的重庆城三面环水，一面依山。因地制宜，随山就水而成的城墙，也成就了重庆古城十七座城门的传奇。重庆十七座老城门中朝天门、翠微门、东水门、太安门、太平门、人和门、储奇门、金紫门、凤凰门、南纪门 10 座门滨长江，其中金汤门、通远门和定远门三座门连陆，另外临江门、洪岩门、千厮门、西水门 4 座滨嘉陵江。

重庆古城最多时有"九开八闭"17 座城门，历 600 年沧桑变迁。随着城市发展，很多人都认为老城墙只剩下通远门和东水门两座。

但随着近年来考古发掘的推进，太平门、人和门以及南纪门瓮城相继与世人见面，太平门至人和门段城垣，更是在日前入选重庆市文物保护名单。

特殊的地形塑造了重庆人的生活方式，他们沿着悬崖修建城墙，城市就长在悬崖之上，过去我们称这陡峭而错落的城市为"山城"，现在我们将其形容为"魔幻主义城市""赛博朋克"，重庆也成为炙手可热的"网红城市"，不过不管怎么称呼，其中的人文基础其实并未改变。

资料二：

中共中央电视台上线的纪录片《城门几丈高》引发观影热潮。西南大学地理科学学院就曾在其新生入学教育活动中，组织 280 余名新生集体观看了《城门几丈高》，纪录片里的地方历史文化受到新生追捧，新生们大呼，"收获很多！"

地图资料：

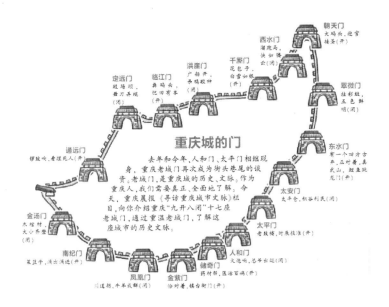

4.1.3.3 云研学任务

（1）观看纪录片《城门几丈高》，在下框中写下你观看或思考的"云研学"之城门几丈高的地理数据信息，分享"云研学"过程中你想研究和学习的地理问题。

评价：超赞哟 ♥ 　　　　　不错哦 ● 　　　　　加油啊 ➹

创意激励：

（2）收集城门相关的文字资料和地图资料，规划并设计"云研学"之城门几丈高的研学旅行方案（表4－2）。方案要求有创意、切合主题，体现地理核心素养。

表4－2　"云研学"之城门几丈高的研学旅行方案表

主题名称	方案要求	
目标	掌握阅读和使用地图的基本技能，找到重庆十几座古城门的位置； 初步说明地形、气候、交通、人口等自然和人文地理要素在地理环境形成中的作用及其对重庆人生产生活的影响； 能够收集目的地的地理信息并处理简单的地理问题。 通过学生间合作、"云"考查和教师指导，解释目的地"寻"到的地理现象，解决地理问题，展望地理高度。 同时能够培养问题意识，增强地理学习兴趣，形成爱自己，爱重庆，爱祖国的情感	
具体内容	内容	"云观察""云品味""云访谈""云挖掘"重庆的"古"味城门，分析其地理渊源
	你的思考	
线路安排	第一目的地通远门、第二目的地金汤门、第三目的地南纪门、第四目的地凤凰门、第五目的地金紫门、第六目的地储奇门、第七目的地人和门、第八目的地太平门、第九目的地太安门、第十目的地东水门、第十一目的地翠微门、第十二目的地朝天门、第十三目的地西水门、第十四目的地千厮门、第十五目的地洪崖门、第十六目的地临江门、第十七目的地定远门	
研学问题	了解重庆古城门的位置及选址原因； 评价重庆古城门的旅游开发价值及其未来发展的意义	
"云研学"报告	1. 绘制"寻"城门的创意地图； 2. 反馈重庆古城门的地理渊源，如地形特征、河流地貌、气候特征、资源等； 3. 反馈形式不限，绘本创作、演讲、相声创作、歌曲创作、模型制作等均可；	

评价：超赞哟 ♥　　　不错哦 ●　　　加油啊 👆
创意激励：

4.1.3.4 云研学课程评价

云研学课程评价是通过表 4－3 来实现的。

表 4－3 云研学课程评价量表

一级指标	二级指标	同学互评	自我评价	教师评价
知识与技能（20分）	对重庆古城门周围的地理知识及地理原理的掌握情况（5分）			
	收集和获取与重庆地理相关信息的能力（5分）			
	整理相关资料和数据的能力（5分）			
	运用地理知识解释重庆的自然和人文地理现象的能力（5分）			
过程与方法（20分）	研学中感知、积累、收集、比较、分析和归纳地理信息的能力（5分）			
	研学中对地理信息的分析和作出的判断（5分）			
	发现和提出有价值的问题数量，5 个以下 3 分，5~10 个 4 分，10 个以上 5 分（5分）			
	参与合作和讨论的积极程度（5分）			
情感态度价值观（20分）	学习态度（5分）			
	集体意识（5分）			
	对地理事物和现象的好奇心（5分）			
	对重庆环境与发展的客观认识（5分）			
研学效果（40分）	研学旅行报告撰写情况（40分）			
评价得分		A	B	C
总分		$A\times40\%+B\times30\%$ $+C\times30\%$		
对该同学在此次云研学旅行中的表现进行语言评价	自我评价：			
	同学评价：			
	教师评价：			

4.1.3.5 云研学拓展

重庆因其特殊的地理文化特征被称为魔幻 3D 城市，是一个立体的城市。重庆又有桥都的别称，因为在这里，桥，或跨沟谷，或越水流，促进两岸物质流通和消息交流，千百年来，一座座古桥如一条条的纽带，连接山水，融合巴渝文明并传承至今。

请在下框中设计"云端课堂"之桥都寻秘的云研学方案。

评价：超赞哟 ♥　　　不错哦 ●　　　加油啊 👍

创意激励：

4.1.4 "云寻味"的遇见[①]

4.1.4.1 "云寻味"的定位

通过野外考察或"云"考察并利用图文资料，描述重庆典型的自然与人文地理事物和现象，归纳重庆地理环境的特点，举例说明其形成过程及原因。与他人交流各自对重庆地理环境的看法并说明理由，感悟人们在不同体验和感知背景下对家乡重庆形成的不同看法。

着眼于学生的全面发展和终身发展。对于地理学科来说，必须变革"学科中心""知识本位"下的地方志式的地理课程，努力创设一种以区域地理和乡土地理作为学习载体的地理课程，培养学生的地理实践能力和探究意识，激发学生学习地理的兴趣和爱国主义情感，这是时代赋予中学地理教育的使命。这就需要引导学生以自己已有经验、思维方式以及心理结构为基础，激发其对更高一层次的知识和能力的渴望，在这个过程中给予学生更多自主学习和娱乐的时间，在玩中学，达到学中有乐趣、有意义、有收获、有成长。

以家乡重庆为案例，从地理视角审视重庆的"古"味、"美"味、"土"味和"怪"味等别样味道，将地理融入生活中。师生共同建构更高层次的知识结构和能力结构，领略和引领同学们感受地理魅力的艺术表现形式。

4.1.4.2 "云寻味"构思

"云寻味"的研究思路如下：

第一，从寻找生活中地理的意义和如何开展中学地理"云"考察两个方面开始。

第二，"古"味重庆。从重庆市古建筑和重庆市特色民居的"云"考察实践活动展开。

第三，"美"味重庆。从主食的特色、重庆菜的风味、地方小吃的地理味道和线路设计——从学校出发的"美"味之旅这四个方面的"云"体验开始。

---

① 本设计是课题《地理社团活动课程化研究》的主体部分，获得重庆市九龙坡区小课题成果奖一等奖，也获得了重庆市九龙坡区第七届优秀教育科研成果评选课题类三等奖。

第四，"土"味重庆。从曾经的码头文化、纤夫文化和当下的两江文化、山城文化等重庆"土"味，"云"体验重庆地域文化的地理情境等内容。

第五，"怪"味重庆，从重庆奇"怪"现象的"云"调查实践活动、基于数据分析重庆奇"怪"现象的原因和活动设计——设计重庆"怪"味灯谜活动等展开。

第六，回归到我们的创作。从重庆四季穿衣指南、重庆主城一日游指南、重庆网红打卡指南、重庆美食习俗指南、桥都重庆的调查实践活动等方面展开。

实践活动以多样化的方式呈现，来彰显学生的个性和多样性。实践活动既是生活，却又高于生活。为更好发展学生个性和多样性，创意地理课的作业也突出开放性和探究性，建立寻"味"重庆的专场展示活动的交流和分享平台，注重转变学生的学习方式，掌握地理学科核心素养。

4.1.4.3 "云寻味"策划

1. 地理视角"云寻味"之重庆创意地理活动策划

（1）策划阶段。

陶行知先生曾说："教育不能创造什么，但它能启发儿童创造力以从事于创造工作。"地理创意课程实践活动是帮助学生们在地理认知、地理思维、地理实践力甚至地理品格的养成，有统领或启发并激活学生的创造力的作用，使学生找到撬动地理学科的支点。最终达到地理学科知识源于生活，却又高于生活的目的。

开展"云寻味"之重庆大讨论，以及创意分享会。教重在于"听"，学重在于"说"，此刻直播室里的"听"和"说"是一幅最美的教学画面。活动策划设计从地理视角"云寻味"之重庆的课后作业，以及乡土地理的视角带领学生再次审视自己的家乡。

（2）展示创意征集。

地理视角寻"味"重庆的创意地理活动展示创意征集、心意小调查等小纸条的云传递，是师生思想的触碰。有人说：教育的最大失败是自主空间近于零。那么，此刻师生若有所思的眼神和神情是对"云寻味"创意地理活动最好的期待和诠释。地理视角"云寻味"之重庆筹办创意的部分案例，如图4-1所示。

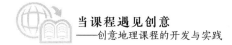

图 4—1　"云寻味"之重庆筹办创意案例

2. 地理视角"云寻味"之重庆创意地理活动展示活动

以下案例为已开展的部分活动，采用互动式"云"展览为主，参观式"云"展览为辅的方式，共设一个总馆和"古味"重庆、"美味"重庆、"土味"重庆、"怪味"重庆四个小展馆。

（1）"云"展厅之总馆。

一路寻来，总馆呈现原生态、原创性的寻"味"重庆展览主题曲。闯关同学参观展览区作品，从创意中国地图中寻重庆或者从创意重庆地图（图4-2）中寻找重庆"味"、地理"味"，获得通行权；未通关的同学回到展馆入口，歌唱"云寻味"原创重庆展览主题曲后获得通关权限。听着原创音乐，欣赏着原创创意地图，有同学说："曲水流觞展风情，听雨亦知心语，言一渝风采"。这样的观展感觉岂不快哉！如果您也想来体验一下他山之"石"，抑或想打磨一番自身之"玉"，总馆展览区的创作区随你尽兴发挥。

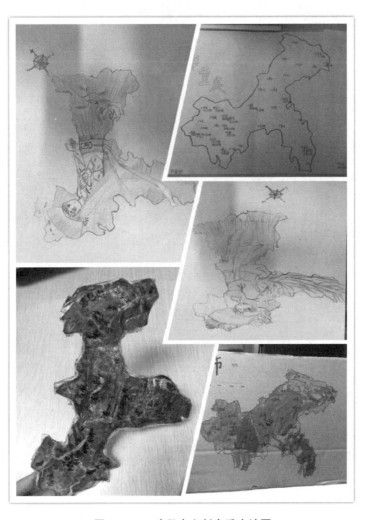

图4-2　一路寻来之创意重庆地图

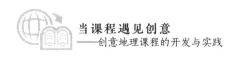

（2）"云"展厅之"古"味重庆。

环节1："云"参观同学们的"古"味重庆的作品。

环节2：看完热闹，摸门道，品味道；正如一位同学所说，城市千万座，唯"它"最独特。请描述你眼中"古"味重庆的地理美。

图4-3　"古"味重庆部分案例

环节3：填写"寻'味'猎人观察记录表"。

有同学说："城之风采，理之文化"。也有同学说："城，千奇百怪，谓为城之古韵与意境，这里将带给你不一样的感受。"无论是城内古镇，抑或是传统民居建筑，它们的选址、格局、朝向、屋顶坡度、建筑材料、墙体厚度、门窗大小等都受到当地自然环境中地形、气候、河流等因素的影响，也受到人文因素中交通、资源、喜好等因素的左右。用地理的视角挖掘，并呈现学生们平时生活中所感受到的不一样的重庆味道。

"云寻味"始于"古"味重庆，却不能止于此。随着时代的发展，涌现出以重庆"来福士"为代表的地标性现代建筑。用地理视角审视昨天的"古"味重庆，欣赏今天"古""今"交融的重庆，展望明天别样的重庆。

（3）"云"展厅之"美"味重庆。

环节1：云感受重庆味道中"酸""甜""苦""辣""咸"与自然环境的关系。

环节2：运用自己所学的地理知识来找"茬"（提出个人作品不合理之处并用地理知识解答原因）。

环节3：填写"寻'味'猎人观察记录表"。

主食的尝"味"道短、菜系的崛起、地方小吃的地理味道，这些对同学们有较大的吸引力，体验和品尝后用自己的方式与他人进行分享，如美味重庆地理绘本创作（图4-4）。考察原创团队或个人对美味重庆地理绘本创作中的信息加工、整合和呈现，这对学生们的能力要求较高。创作是学生们自我的挑战和升华，分享于人于己影响深远。

图 4-4 "美味"重庆部分作品

另外,"美味"的寻觅见证了学生们的创造和探索的过程,例如特殊的地理环境影响了火锅文化的兴起,无辣不欢是重庆人在潮湿环境下的选择,也是当时下层人民对"猪下水"等食材的巧妙处理,这是一种节俭精神,也是重庆人直面困难的一种智慧。重庆的"美味"的秘密还有很多,期待学生们在品尝美味、感受地理的同时传承节俭的精神。

（4）"云"展厅之"土"味重庆

环节1：通过表演、短视频等方式呈现原创剧本、重庆言子儿、川江号子、码头文化、穿货的灵感等本地文化特点。

环节2：探寻"土"味重庆背后的地理渊源。

环节3：填写"寻'味'猎人观察记录表"。

图4-5　"土"味重庆部分作品

学习的过程是千变万化的，如何从纷繁复杂的信息世界中获取对自己有价值的内容，并经过思考加工后形成新的认识，最终获得知识的增长和能力的进步是不变的。创意的实现方式多样，剧情作品、绘本作品创作就是可供选择的两种方式，而且这样的地理学习对原创作人和其他学生都具有足够的魅力。

以"土"味中的重庆人为例，重庆的帅哥美女很多，他们是一群皮肤好、身材棒的人，这与重庆的地理环境——河谷区域空气湿度大、山地丘陵崎岖的地形等有关，但也造就了他们敢吃、敢玩、敢挑战、敢于创新、具有国际范儿的形象。这是地理视角下既"土"味十足又洋气百倍的重庆人。

（5）"云"展厅之"怪"味重庆

环节 1：以猜灯谜的方式将重庆地理的科普知识融入灯谜游戏卡中，同学们认真钻研重庆之各种"怪"。

环节 2：填写"寻'味'猎人观察记录表"，让学生们见"怪"不怪。

初来重庆的人会因这座"怪"的城市而感叹，长居重庆的同学们则以日常见到"怪"习为常态。这里再提重庆之"怪"，让同学们以长居者的姿态重新审视初来者的惊叹，品味重庆地理的巨大魅力。

重庆有 3D 魔幻之都、山城、雾都、火炉、桥都等别称。以重庆交通方式之"怪"为例，重庆穿越楼房的轻轨、纵深 500 多米的皇冠大扶梯、跨江索道等奇怪的交通方式，和重庆的自然和人文环境息息相关，既是重庆人对自然环境的适应，也是一种创新。故重庆的"怪"既是正常的"怪"，也是创新的"怪"，希望同学见"怪"不怪。

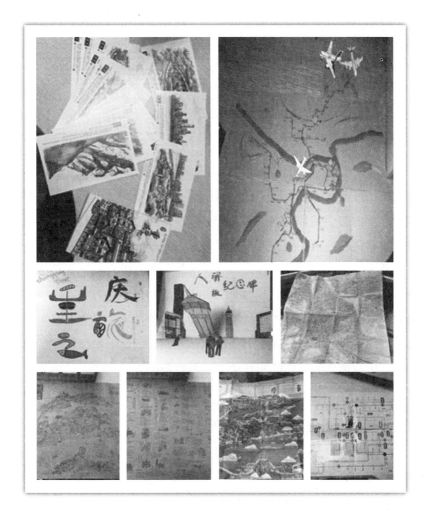

图4-6　"怪"味重庆部分作品

4.1.4.4　"云寻味"的反思

教育需要仪式感，这是一种社会认同，也是一种文化传承的教化力量，课堂融入意义感、庄重感、认真感、紧张感、在场感和参与感等多种元素。在地理教学过程中，能有效提升学生地理素养，放大地理教育的影响力，促进心灵的成长和生命的绽放。

不完美乃是完美之母，有想法并付诸实践将会帮助学生们达到不断完善自我。而教育又是一门遗憾的艺术。陪伴学生的同时笔者也一直在路上。采用自

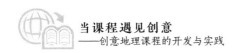

我反馈、同学反馈和教师反馈的角度总结并鼓励大家进行二次创作；地理视角"云寻味"的创意活动从筹划、创作、分享、反馈到二次创作，带给笔者和学生们许多的感触和思考。笔者既感叹于学生们的才华，也受到学生们之间对话的启发。感触很多，但一些学生的话更多的是让我重新思考地理教学。笔者希望通过一些措施弥补实际教学中的这些不足，但更希望的是创意与地理的遇见能给学生们的内心种下一颗种子。

正如《小王子》一书中的一句话："如果你要造船，不要招揽人来搬木材，不要给人指派任务和工作，而是要教他们去渴望那无边无际广袤的大海。"核心素养理念下的初中阶段地理教学也该如此，培养学生的区域认知、综合思维、人地协调观、地理实践力的核心素养，与其单一地布置任务来引导学生学习，不如教他们去渴望广袤的知识海洋。学生们如何以自己已有经验、思维方式以及心理结构为基础，激发其对更高一层次的知识和能力的渴望？教师又如何结合教材内容，设计有效的创意地理活动，在陪伴学生自主学习知识和体验学习的过程中，将核心素养理念下地理教学这艘大船掌舵驶往何方？创意地理活动在中学阶段地理教学中的实践会是一种有益的方向。

4.2 工匠精神的遇见

4.2.1 遇见地震屋——送你一份生命保单[①]

苏霍姆林斯基曾说："求知欲，好奇心——这是人的永恒的，不可改变的特性。哪里没有求知欲，哪里便没有学校。"为了激发师生积极探究地理事物的求知欲和好奇心，探索了"遇见地震屋——送你一份生命保单"的创意地理活动。

4.2.1.1 创意策略

活动开始前询问学生以下几个问题：

---

① 本设计方案参加重庆市九龙坡区青少年科技创新大赛获得一等奖。

（1）你最感兴趣的是地震哪些方面的信息？

（2）此次考察活动，你的考察设想是什么？

正如苏霍姆林斯基所言："人的内心里有一种根深蒂固的需要——总想感到自己是发现者、研究者、探寻者。在儿童的精神世界中，这种需求特别强烈。但如果不向这种需求提供养料，即不积极接触事实和现象，缺乏认识的乐趣，这种需求就会逐渐消失，求知兴趣也与之一道熄灭。"以人的内心需求为突破口，为这次创意地理活动制定考察手册。师生在考察过程中扮演发现者、研究者和探寻者的角色。

4.2.1.2　创意构思

创意地理活动环节进行了以下设置：

表4-4　遇见地震屋——送你一份生命保单

环节一	感知地震（知识点：地震的常识）	我的收获：
	学生活动：查找地震之"最"； 道具：具有查找功能的设备（如智能手机等）； 要求：在5分钟时间内找到最多的地震之"最"； 思考：请谈谈地震之最于你而言有何意义。	发现了_____个"地震之最"。
环节二	触碰地震（知识点：地震的成因、分布、特点、预防）	我的收获：
	学生活动：建造抗震之"屋"； 道具：纸牌、木棍、纸板、超轻黏土、双面胶、胶枪等； 要求：小组讨论建造抗震之"屋"； 思考：请你谈谈在建造过程中考虑的因素和遇到的问题，以及打算将抗震之屋推广到哪些地方。	我的发现：
环节三	震后自救（知识点：安全防护技能）	我的收获：
	学生活动：结绳训练； 道具：绳索； 要求：在最短时间内结出5种绳结为获胜； 思考：请你谈谈如果遭遇地震，还有哪些自救的措施。	完成用时：
拓展环节	请你设计"地震探测器"并分享给大家。	我的收获：

4.2.1.3　创意地理活动反思

首先，满足师生成为发现者的角色。且能在发现过程中获得师生考察前想了解的信息，反馈评价是根据发现了_____个"地震之最"，思考这份生命保单的地震之"最"于你而言有何意义。

设计意图：注重调动学生对考察活动的好奇心，以及合作等能力的养成。在活动环节中，学生把发现的地震之"最"进行呈现和交流时，每位同学会有不同的视角和理解，自然会获得不同的发现和成长。究其根本，师生在这个环节中的找寻、拍照，或交流分享，这一过程中最吸引人的是发现新的知识时那种快乐与满足。这种参与的状态是教育的自然状态。

其次，满足师生成为研究者的角色。在研究过程中收获地震知识并培养自己的创造力。在建造抗震之"屋"活动中，请谈谈建造过程中需要考虑的因素和遇到的问题，以及将生命保单之"屋"推广到哪些地方。

设计意图：让学生枳极参与到地理探索性活动（收集素材建造抗震之屋）的过程中来。在活动环节中，小组合作收集并建造抗震之"屋"，在实践操作前了解地震的相关知识，形成原生态的地理知识。这种动手实践的状态是教育的自觉状态，相对前一阶段的自然状态中那份原始和本真的快乐而言，这里动手状态中的自觉状态则多了一份理性，是教育教学中充分培养师生思维能力创新的关键环节。

最后，满足师生成为探寻者的角色。在探寻过程中获得对自己生活有用，对终生发展有益的地理。在应对地震活动中体验逃生场景，保护自己和他人，思考这份生命保单之逃生技能。

设计意图：注重培养学生应对自然灾害的方法、态度和心理。在活动环节中，师生共同探寻应对地震的方法，这是教育的自然、自觉状态之后的"无状态"的阶段。电影《英雄》中提到的"心中无剑"乃是剑术的最高境界，我想创意地理课程的驾驭也可以在继自然、自觉状态之后，达到"无状态"即追求卓越的状态。

4.2.1.4　设计"送你一份生命保单"之其他系列的创意地理活动方案

要求运用地图和相关资料，描述中国主要的自然灾害和环境问题。针对某一自然灾害或环境问题提出合理的预防治理建议。掌握一定的气象灾害和地质灾害的安全防护技能。请在下框中完成你的创意地理活动方案设计。

评价：超赞哟 ♥　　　　不错哦 ●　　　　加油啊 ✊

创意激励：

4.2.2　遇见地理 DIY

4.2.2.1　遇见地理 DIY 构思

地理 DIY 活动主题：将传统服饰、各地美食、传统民居、传统交通工具、疆域、行政区划、人口、民族等元素归类到具体的地理环境。

地理 DIY 活动目的：探寻人类活动如衣食住行等与中国地理环境的相互

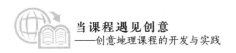
关系。

地理 DIY 活动区域：地球仪版的世界、平面地图版的世界、平面地图版的中国。

下面以制作中国省级行政区的地图名片①为例，呈现遇到地理 DIY 的创意过程。

熟悉中国省级行政区的名称、简称、行政中心、相对位置，了解省级行政区的某些地理特色，增进热爱祖国的情感。

（1）将空白的中国行政区划图贴在纸板上，然后沿省级行政区轮廓将纸板剪开并打乱顺序。

（2）每个学生选取一个省级行政区的空白图。（如果学生人数较多，可以两人一组选择一个省级行政区）

（3）制作省级行政区的地图名片。每个学生在自己选取的省级行政区空白图中的相应位置上，标出省级行政中心并注明其名称；选择该省级行政区的一个典型或标志性的事物，如革命纪念地、文化遗产地等，设计该事物的图形标识，并绘制在省级行政区空白图中；在空白图的背面写上省级行政区的名称、简称和地理事物的名称。

（4）展示自己制作的省级行政区地图名片，利用名片介绍该省级行政区的地理特色。（名片上至少包括省级行政区的名称、简称、行政中心和图形标识表示的典型事物及地理特色）

（5）交换省级行政区名片。自由选择名片交换对象，相互说出对方名片中的省级行政区及其地理特色，交换名片。

（6）利用手中的名片，全班合作拼成一幅完整的中国行政区划图，并分享活动中的收获和感悟。

活动成果：完成省级行政区的地图名片、中国省级行政区拼图，熟悉中国省级行政区的名称、简称、行政中心、相对位置及典型（或有代表性）的地理事物。

活动评价：制作的地图名片是否美观，对名片的介绍是否准确，拼图过程是否流畅、迅速；评选出各环节的优胜者。

———————————

① 本活动示例摘自《义务教育地理课程标准》（2022 版）地理学习活动参考示例 7。

4.2.2.2　遇见其他地理 DIY 实践

我们在创意地理课程中进行尝试和实践，遇见地理 DIY 部分作品如下：遇见俄罗斯方块版本的 DIY、遇见民居 DIY、遇见行政区 DIY、遇见……

图 4-7　遇见地理 DIY 部分作品

学生们说，@A 君：这次遇见地理 DIY，我参与了民居拼图，也看到了展区立体的释迦塔，让我感受到拼这塔的人需要多大的耐心。此前，我们只看到了他们的成果，没看到他们背后的付出，同时也很感慨原来木塔千年不毁是和它在黄土高原有关。@B 君：这次活动让我生动地了解到地理知识，对民居 very interesting，也明白其构造的生动，very good，希望下次还有这样的活动能参加。@C 君：对地理的好感度 +1。@D 君：……

正如陶行知所说："教育不能创造什么，但它能启发儿童创造力以从事于创造工作。"同样，地理教育工作者认为地理也不能创造什么，但它能启发或激发学生们的创造力和实践力，为将来找到撬动"地球"的支点。通过遇见地理 DIY 实践，我们能切身感受到地理源于生活，却又高于生活。这就是最宝贵的工匠精神。

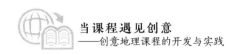
4.3　创意课程之其他系列①

　　义务教育地理课程标准（2022 年版）在课程内容的要求中明确指出，课程规划中要有不少于地理课程总课时 10％的课时用于跨学科主题学习，进一步突出地理课程综合性和实践性的特点。跨学科主题学习，注重问题的综合分析与解决，关注过程表现，激发好奇心、求知欲，是基于学生的基础、体验和兴趣，围绕某一研究主题，以地理课程内容为主干，运用并整合其他课程的相关知识和方法，开展综合学习的一种方式。地理课程跨学科主题学习立足于核心素养的培育，关注学生探究能力、创新意识、实践能力、社会责任感的培养，促进学生全面发展和师生共同进步，以物化的学习产品为基本学习成果。因此，在创意地理课程中设计跨学科开发和实践就显得尤为重要，这里以跨学科遇见椭圆和遇见数学文化为例，展示创意课程的跨学科遇见的魅力。

4.3.1　创意课程之遇见椭圆②

4.3.1.1　创意构思

　　学科交叉逐渐成为科技创新的一个重要源泉，成为这个科学时代不可替代的研究范式，各个学科之间在交叉、融合中改变自己的研究内容、方法等，为国家创新人才培养奠定基础。同时也可加强学科间相互关联，带动课程综合化实施，为培养创新人才打下基础。

　　将数学学科的椭圆、物理和地理课本中的天体运行轨迹等知识跨学科有机结合起来。基于焦点（太阳所在位置）的寻找和验证另一个焦点位置，让相关的工程模拟实验有实施的可能，也为太空探索奠定了基础。鉴于此，通过太阳系天体运行轨迹的焦点的确认和验证来熟悉和掌握椭圆的相关知识及天体运行

---

　　①　本部分内容系重庆市南岸区教育科学规划课题 2023 年度一般课题"核心素养导向的数学文化融入数学课堂教学改革研究"（2023－B－30）项目。

　　②　本设计案例获得第一届全国科创项目式学习方案三等奖，本案例设计优质课获得重庆市科创教育优质课二等奖

轨迹相关知识，从而体会学科理论知识在工程技术中的应用。

于是，基于 STEAM 教育理念，本部分内容的重难点不会放在数学或物理或地理学科，也不会过于关注学科界限，而是将重心放在特定问题上，强调利用科学、技术、工程或数学等学科相互关联的知识解决问题。

4.3.1.2 创意呈现

第二次世界大战期间，在意大利有一个关押盟军战俘的山洞，盟军战俘密谋如何逃跑，可前天晚上商量的结果，第二天意军就知道了，并把主要人员带走单独关押。以后无论盟军战俘们商量什么机密问题，意军总能知道。坚硬的石壁是无法安装窃听器的，于是盟军战俘们怀疑出了叛徒，疑点落在某位盟军士兵身上。直到战争结果，盟军战俘们被解救出来，才发现山洞的秘密，原来山洞中被关押的俘虏和看守分别在两个特殊位置上，俘虏发出一点声音，看守所在的地方听得清清楚楚。这是什么原因呢？

原来山洞内部的空间是一个椭圆体，最大的截面为椭圆面。关押俘虏的地方和看守所在的地方分别是椭圆的两个焦点位置上，俘虏们说话的声音向四面传播，经过洞壁的反射，声音传向了另一个焦点。由于洞壁是光滑的，吸收的声波很少，这一过程反而加快且增强了传向另一个焦点的声音，所以看守不但能听到俘虏的说话声，而且听到的声音比较响亮清楚。世界上有很多建筑都应用了这个原理，比较著名的有北京天坛的回音壁和伦敦的"私语走廊"。

因此，我们借助以上启发，意欲模拟探寻椭圆原理，工程设计并实践探究宇宙环境、地球位置以及太空探索等相关内容。

1. 目标定位

学习目标定位为了解椭圆的实际背景，例如行星运行轨迹，感受椭圆在刻画现实世界和解决实际问题中的作用；然后综合运用跨学科知识，注重学习过程，在基于问题或项目的情景中进行实践探索性学习。

2. 关于教学支持条件的分析

教学工具与教学资源是进行项目学习和问

图 4－8　围住的椭圆模型

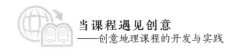

题研究的重要支持，是 STEAM 教育得以开展的必要保障。物理上涉及很多椭圆焦点性质在科学和工程上的应用。因此，用木匠的方法画椭圆、用椭圆模型和激光笔、手电筒、各种材质或尺寸的小球等进行工程模拟实践以及在此基础进行的桌球体验，对大多数学生来说都是一次新奇独特的体验，学习兴趣和探究欲望能被有效激发和提高，从而更好的感觉太阳系星体运行轨迹及另一个焦点的确定，是一次创意课程的实践。

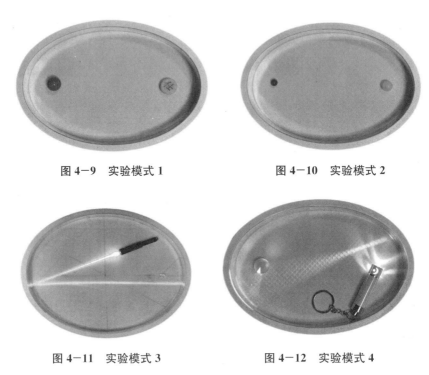

图 4-9　实验模式 1　　　　　　图 4-10　实验模式 2

图 4-11　实验模式 3　　　　　　图 4-12　实验模式 4

3. 活动过程

任务 1　感受椭圆

通过查阅资料和视频《椭圆的焦点还能这么"玩"》创设基于椭圆焦点"玩法"的真实情景，从而感受到椭圆焦点在实际生产生活中应用，为进一步引发学生的思考和深入探究作必要的铺垫。

思考以下三个问题：（1）作为工程师，你如何确定该椭圆截面的焦点？（2）作为歌剧院的管理方，你如何验证该歌剧院最贵座位的位置？（3）作为土豪的你买了该剧院最贵的票，却发现你的位置的音效和周围位置的音效差不多，你觉得管理员会如何调整？

评价：超赞哟 ♥　　　　　不错哦 ●　　　　加油啊 👍

创意激励：

任务 2　绘制椭圆

依据高二《普通高中教科书数学》（人教 A 版）选择性必修第一册第 105 页画椭圆的方法和播放抖音中的木匠画椭圆的方法，然后要求学生根据提供的材料通过小组合作的方式用两种方式在下框中画出椭圆，并思考"两种画椭圆的方式有没有什么不同？"

评价：超赞哟 ♥　　　　　　不错哦 ●　　　　　加油啊 ➔

创意激励：

任务 3　寻找椭圆焦点

利用数学知识探究分析，确定已知椭圆的焦点。首先，需要找到椭圆的对称轴，为后面寻找椭圆的焦点提供必要的理论支持。其次根据椭圆的几何性质通过小组合作找到对称轴，进而确定焦点，为在椭圆模型上找回焦点提供必要的经验和理论方法。最后结合椭圆知识思考验证找到的点就是就是椭圆的焦点。请将你的寻找过程体现在下表中，建议多种方式寻找和确定。

（温馨提示：可将椭圆裁剪下来，利用椭圆的对称性通过对折找到椭圆的对称轴和中心，再结合计算从而找到椭圆的焦点；也可以将椭圆放到一个恰到

好处的矩形中，再利用对称性通过作图找到椭圆的焦点；还可以用尺规作图的
方法找到椭圆的焦点；其他你能想到的方法。）

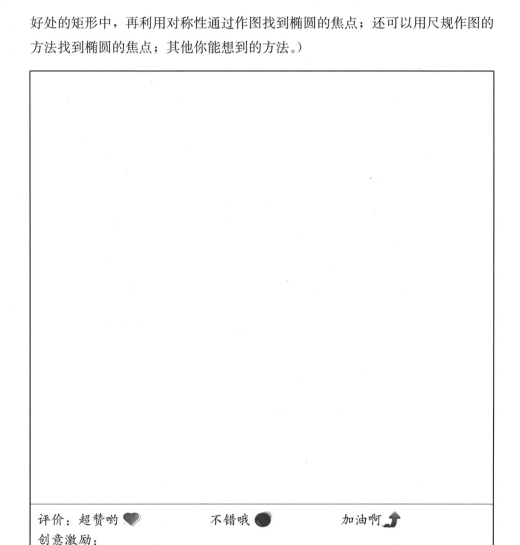

评价：超赞哟 ❤   不错哦 ⬤   加油啊 ⬆

创意激励：

任务 4　学科融合的创新遇见

参考方案：利用 3D 建模软件和 3D 打印设备，结合高二年级数学课本
P113 中例 5 的数据（可以按比例扩大尺寸）打印制作电影放映机的聚光灯，
并配合小灯泡验证其聚光效果。

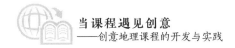
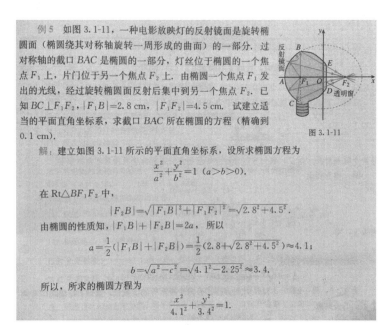

图 4-11　跨学科遇见聚光灯

4.3.1.3　创意课程之遇见椭圆的思考

从学生的积极课堂表现和课后溢于言表的兴奋之情可以看出创意课程的巨大魅力，结合课后访谈可以发现学生对这类课程项目的渴求和期望。本设计案例虽然还有可以完善甚至需要改进的地方，但还是有很多值得借鉴和推广的经验。

1. 基于课标，聚焦教材

陶行知说："创造始于问题……"。本节课的最核心的问题来自对数学课本课后习题（112页练习的第一题）的改编，即如何找回没有对称轴的椭圆的焦点，通过逆向寻找椭圆的焦点，把一个纯数学问题转化成了一个集科学、技术、工程和艺术于一体的创意项目。课程所需的理论知识均来自课本或课本知识的适当延伸，符合课程标准要求。

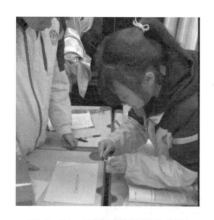
图4-14 画椭圆前的铅笔处理

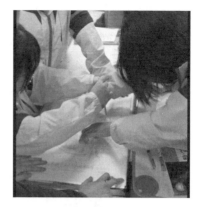
图4-15 合作画椭圆

2. 任务驱动，注重实践

本设计案例从可能的实际工程需要出发提出问题，基于教材知识点出发进行的焦点的确认与验证等理论的探索和在椭圆模型上的工程、技术及艺术体验为最终问题的解决提供了必要的理论支持和经验积累。

图4-16 用圆规在椭圆模型上求作焦点

图4-17 合力围住椭圆

3. 素材丰富，兴趣导向

准备的玻璃弹珠、小石球、塑胶弹力球、硅胶圆球、细绳、反光膜、小玻璃圆柱、剪刀、一定数量的尺子和三角板、铅笔及签字笔、画椭圆的工具、小手电筒、激光笔、分光器、A4纸、软纸、胶水、复印纸等原材料和工具不只让模拟实验有更多的创造和想象空间，不同材质、尺寸、形状及工具在给学生带来丰富的工程实践体验的同时，也让学生有机会"学中玩，玩中学"，如学

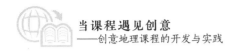

生喜欢的桌球实验总能引起大家的欢呼。

创意课程中包含的视频资料有《椭圆的焦点还能这么"玩"》《木匠怎么画椭圆》《椭圆的焦点为什么叫焦点》《科技馆中的椭圆实验》以及《光线在椭圆内部的反射》。这些视频资料为学生创造了探索的真实情景，也让真实问题贯穿整个学习过程。丰富的视频资料为学生的探究学习提供了足够的理论可能，大量基于椭圆性质的视频画面让学生直接体验到了椭圆的美和炫酷，也极大地提高了学生研究椭圆的兴趣。

图 4—18　有趣的桌球体验

4. 学科融合，创意无限

数学课本中的椭圆和物理课本中天体运行轨迹、焦点知识能有机结合起来，通过数学课本上的（椭圆定义）焦点和物理上的（光线聚集点）焦点知识的融合让跨学科融合成为可能，基于焦点的寻找和验证让相关的工程模拟实验有实施的可能。上课过程中用木匠的方法画椭圆、用椭圆模型和激光笔、手电筒、各种材质或尺寸的小球等进行的工程模拟实践，以及在此基础进行的桌球实验，对大多数学生来说都是一次新奇独特的体验。

图 4-19 象棋和手电筒配合找焦点

本案例的成功之处不仅在于课程项目的设置符合学生实际水平或与学生所学国家课程内容具有相关性，也在于基于高中数学教材及课标的研究分析获得精准而科学的定位与设计：首先，重视学科大概念，以其为核心使课程内容结构化，结合主题引领，使课程内容情景化，利用椭圆知识给任意椭圆找到焦点并思考分析验证焦点的理论方法培养了学生的数学抽象、直观想象、逻辑推理等数学核心素养；其次通过在 3D 打印的椭圆模型上的模拟工程实验，在培养了学生的数学建模、数学运算、数据分析等核心素养同时，也培养了在真实世界应用知识解决问题的能力，即向真实生活迁移的科学精神和科学理想，明显提高了学生的工程技术素养；再次，整个学习过程中的合作交流、批判质疑及思考总结培养了学生团队协作的团队精神、勇于质疑的科学精神和善于分析的研究能力；最后，丰富生动的视频资料、学科融合的无限创意和多种有趣的实验方案让学生对椭圆的研究学习产生了浓厚的兴趣。因此，STEAM 教育理念中的趣味性、多维性、协作性和项目性，不仅符合课标要求而且有助于日常教学效率的提升。

这是跨学科融合的一次遇见，也是创意课程在另一个学科领域的又一升华和拓展，它贴近学生生活实际，符合学生年龄特点，聚焦真实问题的发现和解决，体现鲜活的实践特征，培养学生的创新能力和综合素养。

在跨学科主题遇见活动时，可以根据不同的学习目标和要求，在跨学科主题遇见框架下，体现不同的学习方法和路径。您的创意课程遇见系列的设计：

（温馨提示：可以设计遇见"地球之肾"——湿地、遇见太空，筑梦航天、

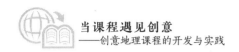
遇见二十四节气、遇见全球气候变化、遇见区域发展、遇见校园等一系列的跨学科遇见主题来实践。)

评价：超赞哟 ♥　　　　不错哦 ●　　　　加油啊 👆

创意激励：

4.3.2 创意课程之遇见数学文化①

数学与人类生活和社会发展紧密关联，数学不仅是运算和推理的工具，还是表达和交流的语言。数学承载着思想和文化，是人类文明的重要组成部分。因此，教师需要重视数学文化在课堂教学中的作用。为了更好地发挥数学文化在课堂中的作用和价值，我们基于三维一体数学文化进行教学的改进。基于这一教学改进行动，旨在运用三维一体数学文化浩瀚的知识面，根据学生实际的数学需求，结合教师个性，为学生打开个性学习的窗户，创新方法教学生思考

---

① 本设计是重庆市南岸区微课题成果类一等奖；获重庆市南岸区第三届基础教育教学创新成果二等奖；

数学原理，创造机会让学生表达数学内容，创意活动使学生体验数学应用，打造高效、智慧和魅力的数学课堂。这是一个长期实践和探索的遇见过程，主要经历了拿来主义阶段、反思改进和推陈出新阶段以及形成成果和推广阶段。

4.3.2.1 创意课程之遇见数学文化的构思

1. 基于数学史的教学改进行动的思考

2005 年，全国数学史学会和西北大学组织召开首届全国数学史与数学教育国际会议，国内学术界才真正开始关注 HPM（History and Pedagogy of Mathematics，HPM）。随后，中学数学也开始重视数学史在中学教学中的价值。2017 年，华东师范大学汪晓勤教授的著作《HPM：数学史与数学教育》成为数学史全面融入数学教育的一个历史性的标志。HPM 相关成果非常适合一线数学教学的需求，它不但有丰富的一线教学案例，而且将数学史的相关素材根据中学教材知识点及教学的需求进行了分类整理。在日常的教学中将已有案例材料和素材融入课堂的方法直接移植进来，并取得了一些成果。

2. 基于数学文化的教学改进行动的思考

在实际的教学实践中，发现数学史对日常的数学课堂教学的影响有限，具体表现在大部分学生对数学史不感兴趣，从而难以激活学生学习数学的欲望。从文化的广义来看，数学文化属于科学文化的范畴，除数学知识及其应用外，数学发展史、数学家、数学哲学、数学活动、数学语言、数学思维、数学观念、数学精神、数学方法、数学美、数学教育，甚至数学典故、数学游戏等都成为我们关注和讨论的对象。虽然大学的研究成果有数学文化相关知识素材的收集和系统整理，但中学数学教师想要直接利用较难：一是其大部分内容和大学知识联系得非常紧密，和中学数学知识联系较少；二是资料分散，中学数学教师进行二次收集和整理较难。虽然，数学文化相关的研究资料很丰富，但中学一线教师能直接利用的数学文化资料（数学史除外）却不多。

由于数学史是数学文化极其重要的一部分文化，数学文化和中学数学课堂的融合的研究借鉴了 HPM 的研究方法和研究结论。在搜集整理与本课程相关的国内外文献资料基础上，提出了基于数学文化的教学改进行动。我们设计和开发了数学文化与数学课堂融合的案例，边实施边研究，边反思边改进，也提

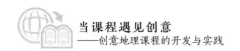

高了教育教学的质量。同时，通过展示比赛交流，进一步提升基于数学文化的教学改进行动中的广度与深度。然后调查分析和研究数学文化对数学课堂的影响，以教学实践活动为依据，总结经验。

（1）通过本阶段的研究，提高了学生的数学文化素养和品格，激发了数学学习的兴趣，培养了学生的数学创新意识，进而提高了其数学核心素养。

（2）在具体的案例中，把数学文化资料深度融入相关的知识点中，设计出了具有数学文化特色的案例。然后，通过对案例的分析和总结，形成了经验和案例论文，再落实到平时的教学应用和实践中。

（3）收集整理了各种数学文化并探究其对学生数学学习兴趣及学习效率的影响。通过各种方式收集和整理自己负责的知识板块相关的数学文化资料，资料包括网络资源和其他素材。

3. 基于三维数学文化的教学改进行动

基于数学文化的教学改进行动中，在打破数学文化就是数学史的狭隘认识的基础上扩大了数学文化资料的收集范围，从而获得了大量丰富多彩、具有鲜明时代气息且有趣的数学文化资料，且有意识地将这些资料融入平时的数学课堂中，取得了很好的课堂效果。但对素材和学生访谈的分析中也发现，当师生对数学文化资料有堆砌的感觉时，这些资料给人的感觉是同一类的；而没有堆砌感的数学文化资料给人感觉是不同类的。因此，我们意识到同一课程内容所对应的数学文化资料需要分类，而且这些资料之间具有内在逻辑关系。

结合实际的课堂教学常态、已有的研究结果和传统的数学文化的定义，提出了三维数学文化这个概念。三维的数学文化是一种广义的数学文化，通过纵向、横向和内向三个维度来划分每堂数学课中的文化素材，使纷繁复杂的素材变得有序。"纵向数学文化"是指数学发展的历史中和课程内容相关的素材，也是通常说的数学史；"横向数学文化"是数学课程内容在社会生活、科学研究……中的直接运用，具有形象、直接和有趣等特点，时代气息浓厚；"内向数学文化"是指课程内容所涉及的思想、原理和经验方法等，以及它们在其他方面的运用，具有抽象性、逻辑性较强的特点。其中"横向数学文化"和"内向数学文化"具有明显的跨学科特征，要将其融到日常的课堂中，需要足够的勇气和创意。

在三维数学文化概念的基础上，提出并实施了基于三维数学文化的教学改进行动。基于三维数学文化的教学改进行动就是依据课程内容，从"纵向、横向和内向"三个维度去挖掘能够融入高中数学课堂的文化素材，立足于学生所处时代背景和充分考虑学生个性数学需要的课堂教学。特别地，课程相关的数学文化资料不只包含数学史，还包含了数学与诗歌、数学与哲学以及数学与社会生活这些跟学生经验相联系且与教材知识点联系紧密的资料。

《普通高中数学课程标准（2017年版）》指出"发展数学核心素养的前提是掌握数学知识"。没有知识的理解和应用，核心素养的发展就没有办法落地。三维数学文化让学生在日常课堂就能经历从数学研究对象的获得，到研究数学对象，再到应用数学知识解决问题的完整过程，打破日常高中数学课堂掐头去尾"烧中段"和机械的解题训练的困境，从而让学生真正掌握数学知识，提升自身创新能力和综合素养。以"横向"和"内向"两个维度的数学文化资料来呈现的研究对象体现了数学与现实的联系；"纵向"这个维度的数学文化资料来呈现的研究对象体现了数学内在的前后的一致性和连贯性。当这样的数学文化资料融入数学课堂，不仅会帮助学生加强对数学知识本身的理解，而且会提升学生学习数学的兴趣，同时也让学生在课堂上有更多的机会用数学的眼光观察世界，用数学的思维思考世界，用数学的语言表达世界，这也体现了数学建模思想，同时培养了学生的创新意识。

通过不断的实践和摸索，在基于三维数学文化的教学改进行动中，总结出了"三维一体数学文化关键词备课法"。这里的"一体"指的是三个维度的数学文化都是以本节课的课程为出发点，且都是为上好课服务的。"三维一体数学文化关键词备课法"，是通过提炼出课程内容的关键词或者通过根据课程内容能够联想到的关键词，然后在"互联网＋"环境下容易地获得课程相关的数学文化素材，进而比较轻松地备出一堂数学文化味较浓的数学课。

调查分析发现，与数学史相关的纵向数学文化对学生的吸引力很小，绝大多数学生对横向和内向的数学文化及相关的数学课堂更感兴趣。这很大程度是因为多视角的数学文化不仅能够提升学生学习数学的兴趣，也的确有助于学生对数学知识本身的理解和掌握。基于调查分析和实际的课堂教学，我们提出了"基于三维数学文化的教学改进行动纲领"和行动策略。具体如下：首先，在日常备课中，不仅要合理运用已收集的数学文化资料，也要结合互联网积极运用"基于三维一体数学文化关键词备课法"；其次，在日常教学中落实单维数

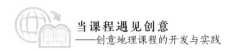

学文化目标，对单个知识点要求数学文化三维覆盖；最后，对于章节起始课、概念课等重点关键课，尽量在一节课中实现三维数学文化渗透的目标。

4.3.2.2 创意课程之遇见数学文化的成果

1. 归纳了国内外研究现状并提升了认识

进入 21 世纪，数学文化在数学教育教学中的应用日益受到数学教育界的重视，相关著作非常丰富。但大学的研究成果主要体现在数学文化相关知识素材的收集和系统整理，中学数学教师想要直接利用较难。在此之际，2017 年汪晓勤教授出版的《HPM：数学史与数学教育》成为我国数学史全面融入数学教育的一个历史性的标志。HPM 相关成果非常适合一线数学教学的需求，它们不但有丰富的一线教学案例，还把数学史的相关素材根据中学教材知识点及教学的需求进行了分类整理。很多一线教师注意到数学文化在数学教育教学中的重要作用，但也出现了将数学文化等同于数学史等问题，所以其成果绝大部分都着墨于数学史与数学的教育教学。因此，目前的中学数学课堂包含的数学文化，其学科味较重，且主要偏重于数学史，但数学与诗歌、数学与哲学以及数学与社会生活这些跟学生经验相联系且与教材知识点联系紧密的资料在课堂上所占比例非常少。

2. 通过各种方式收集到了丰富多样的数学文化

收集和整理相关的数学文化资料，收集到的资料包括网络资源（和数学文化有关的公众号"数学文化""好玩的数学""奇趣数学苑""数学中国""文化数学""哆嗒数学网""邹生书数学"等）、书籍（《故事中的数学》《用数学的语言看世界》《数学也荒唐》《发现与发明的里程碑》《天才引导的历程》《迷人的数学》《数学之书》《数学的天空》《数学大师》《无处不在的数学》《数学思考之美》《数学的故事》《当代数学基本定理到超越数》《HPM：数学史与数学教育》《奇妙数学史》《数学之美》《古今数学思想》《数学文化》）……由以上相关的资料不难看出，我们所收集的数学文化素材内容丰富，其素材不仅来源于数学史及数学应用相关的内容，也有很多与我们日常生活相关的资料，如数学与诗歌、数学与哲学及数学与社会生活等素材。

3. 创造性地提出了三维数学文化

三维数学文化是一种广义的数学文化，客观上是连接各个学科、关联社会，并以数学的理论、观念、精神、知识、方法等辐射到相关领域形成的系统。通过纵向、横向和内向三个维度来划分数学文化素材，厘清同一课程内容相关数学文化资料间的逻辑关系。这样的数学文化素材不但层次清晰，而且丰富全面。课堂教学效果也表明，学生对有多个维度数学文化融入的课堂更喜欢，其知识掌握度也更好。

4. 提出了基于三维数学文化的教学改进行动

基于调查分析和实际的课堂教学提出了"基于三维数学文化的教学改进行动纲领"和行动策略。为教改行动提供了理论支持，指明了行动方向。行动策略有效化解了备课中融入数学文化的难题和数学文化在日常课堂中分配落实的问题，为教改行动的开展提供了技术保障。不仅提高了课堂学习效率，也提升了学生学习数学的兴趣。

4.3.2.3 创意课程之遇见其他课程系列

请结合自己的兴趣和特长，在下框中设计其他系列的课程遇见。

评价：超赞哟 ♥　　　　不错哦 ●　　　　加油啊 ⤴

创意激励：

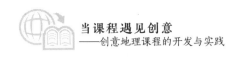

4.4 智能时代的课程展望

4.4.1 课程定位

1. 坚持目标导向

根据智能时代的教育需求，落实有理想、有本领、有担当的时代新人培养要求，聚焦学生发展的核心素养，培养学生适应未来发展的正确价值观、必备品格和关键能力。

2. 坚持问题导向

课程注重对实际问题的有效回应。遵循学生身心发展规律，促进学科内不同学段和不同学科的衔接，提升课程科学性和系统性。进一步精选对学生终身发展有价值的课程内容，减负提质。细化课程目标，明确实施要求，增强课程指导性和可操作性。

3. 坚持创新导向

既注重继承我国课程建设的成功经验，也充分借鉴国际先进的教育理念，进一步提升课程质量。强化课程综合性、实践性和创新性，着力发展学生的核心素养。凸显学生主体地位，关注学生个性化、多样化的学习和发展需求，增强课程适宜性。坚持与时俱进，反映智能时代经济社会发展新变化、科学技术进步新成果，更新课程内容，同时体现课程时代性。

4.4.2 课程理念

课程贴近生活，关注自然与社会，培育学生的人地协调观、家国情怀、全球视野，以及批判性思维、创新精神和实践能力。

1. 知识为本

课程中不仅需要知识，还需要"综合态"的知识。这里综合态知识是基于STEAM 理念，集科学、技术、工程、艺术于一体的知识，旨在知识与综合态知识的更新与迭代。在探究知识的过程中理解环境和人类活动的关系，以独特的视角关注世界，不断增强人文底蕴、培养科学精神和责任担当。

2. 创意为要

做到知识与创新相结合。着眼于知识的理解，设置"结构性主题"是为"独创"理解与"新意"思考提供框架与路径。基于这样的框架与路径，创意才能走向理性与现实。

3. 注重转化

将知识与创意转化为资源，学以致用。这里的"用"不局限于学习、考试、交际等，更是"用"于在学生们心中埋下一颗颗种子。在体现学科发展的基础上，更加关注学生发展和社会需求，形成融基础性与时代性、学科性与生活性于一体的课程内容提醒，将丰富的素材和创意活动相结合，促使学生在做中学，在做中思，积累学习经验，关注并探究现实中的问题。

知识、创意、转化需要一体化发展。坚持育人为本，确定基于核心素养培育的知识目标，优化课程结构；搭建基于学科的主题式内容框架，遇见创意，遇见学科知识；活化课程内容，优选与学生生活和社会发展密切相关的学科素材，开展以学生为中心的学科教学方式，同时发挥评价功能，促进学生学业进步和全面发展。

4.4.3　课程理想

当下互联网发展日新月异，我们也经历了从文字、图片时代到语音、视频时代，可以毫不夸张地说，我们已经进入了智能时代。人与人连接的方式不断变化着，教育培养的未来人不仅要适应这种变化，更要驾驭在这种变化之上。

因此，智能时代的课程，需要给学生提供更多可能性的机会，保有创新本真的同时也不忘继承。创意课程即基于这样的思考，知识有限，创意无限，志在培养人无我有、人有我精、人精我特的创新精神，让学生思考，试着提出问题，针对远大理想，触发好奇心。

中国学生发展核心素养以培养"全面发展的人"为核心，分为文化基础、自主发展、社会参与三个方面，综合表现为人文底蕴、科学精神、学会学习、健康生活、责任担当、实践创新等六大素养。通过本创意课程的学习，学生能逐步形成正确的价值观、必备品格和关键能力。

4.4.4　课程展望

未来教育是以学习者为中心的学习，"适需"教育是未来教育的基本方向，从"创意—创意地理—创意地理课程—创意课程"这一动态演化过程中实现教育转型以达成"适需"教育。

首先，教育目标的重新定位，即围绕核心素养，培育终身发展力。智能时代，身体、知识的重要性下降，核心素养、深度学习、创新能力和高阶思维能力成为决定个体强弱的关键因素。因此，应转变传统教学中知识为中心的目标导向，关注学生的核心素养的发展。

其次，教学价值观念的转型，即促进深度理解，培养创新能力和高阶思维能力。核心素养强调解决真实复杂问题所需具备的知识技能、价值品格和思维能力，深度理解是以创新作品的形式呈现。

再次，多维融合，对话探究。智能时代，互联网思维影响着教学也向多维融合，对话探究的范式转变，实现课程探究和对话。

最后，借助智能技术实现因材施教，即精准分析诊断，个性推荐反馈。借助大数据分析技术，对学生多维度评估其理解深度，优化设计创意方案，实现个性化资源推送。

参考文献

［1］中华人民共和国教育部. 义务教育地理课程标准（2022 年版）［M］. 北京：北京师范大学出版社，2022.

［2］曹日昌. 普通心理学（上）［M］. 北京：人民教育出版社，1980.

［3］曹日昌. 普通心理学（下）［M］. 北京：人民教育出版社，1980.

［4］中国青藏高原研究会，星球研究所. 这里是中国［M］. 北京：中信出版集团，2019.

［5］纪懿芯，董永盛，周慧. 初中地理核心素养建构及教学策略刍议［J］. 中学地理教学参考，2018（5）：13－15.

［6］施良方. 课程理论：课程的基础、原理与问题［M］. 北京：教育科学出版社，1996.

［7］丁峻. 当代西方具身理论探微——兼论人脑优于电脑的根本特性［J］. 宁夏社会科学，2012（9）：126－132.

［8］叶浩生. 具身认知：认知心理学的新取向［J］. 心理科学进展，2010（5）：705－710.

［9］余宏亮. 数字时代的知识变革与课程更新［J］. 课程·教材·教法，2017（2）：16－23.

［10］莫里斯·梅洛－庞蒂. 知觉现象学［M］. 姜志辉，译. 北京：商务印书馆，2001.

［11］叶澜. 教育学原理［M］. 北京：人民教育出版社，2007.

［12］付凤春. "气温和降水"（湘教版）教学设计［J］. 地理教学，2013（14）：27，44.

［13］梁开新，童嘉森. 外积在立体几何中的运用［J］. 高中数理化，2017（1）：1－2.

［14］梁开新，任潇艳. 互联网"＋"高中数学解析几何课堂教学研究［C］. 教育理论研究（第十辑），重庆市南坪中学校，2019.

致　谢

感谢重庆市杨家坪中学和重庆市南坪中学校领导及 i-STEM 课题组（2017CQJWGZ2014）的支持与帮助！感谢四川大学出版社王睿编辑和周维彬编辑多次指导与审校！感谢更多朋友，并原谅笔者未能在此提及您的姓名，但您在本书写作过程中对作者的帮助和鼓励，我们铭记于心，衷心感谢！感谢孩儿们的创意与灵感，感谢我们自己十年来的思考与探索，今日终成此书，过往种种，历历在目，愿《当课程遇见创意……》一书能带大家看到不一样的创意课，更看到不一样的自己！